八澤の
たった**7**時間で

英文解釈

マナビズム
八澤龍之介
著

Ryunosuke Yazawa
(ManaviisM)

Gakken

この本を手に取ったキミに

英語嫌いによる英語嫌いのための英文解釈の参考書

　はじめまして！　マナビズムの八澤龍之介です。僕は高校2年生のとき、定期テストで英語がたったの6点（100点満点）でした（笑）　高校に入ってからというもの、英語がちんぷんかんぷんで教科書に書いてあることも、学校の先生の説明も、まるで何かの呪文のように感じていました。この本は、そんな**英語がとてつもなくできなかった当時の僕でも取り組むことのできる英文解釈の「最初の1冊」**として作りました。

なぜ僕たちは英語の長文が読めないのか？

　「英語の長文問題が苦手で…」という高校生の声をよく耳にします。これに対しての解決策として「長文をたくさん読む」というアプローチが取られがちですが、多くの場合、それでは根本的な問題の解決には至りません。長文とは段落が集まったもの、段落とは一文が集まったもの、一文は文法という文のルールに従って単語や熟語が集まったものです。一文すら正確に訳せないのに、長文が読めると考えるほうがおかしいのです。したがって、本書ではまず**「一文を正確に訳すこと（＝英文解釈）」**をゴールに見据えて、講義を進めていきます。一つ、例を見てみましょう。

> ## The boy called Yuki called the girl.
> Q. この Yuki は「ゆきちゃん？」「ゆうきくん？」

　この一文は中学1年生でも知っている英単語でできていますが、Yuki が「ゆきちゃん」か「ゆうきくん」か、自信を持って答えられますか？　答え

とその理由を人に明確に説明できますか？　少しでも不安がある場合、キミは僕が想定する読者にドンピシャ。今すぐ本書を持ってレジに並んでください（この英文については **Chapter 2** で詳しく説明しています）。

　このような知っている単語だけで構成された英文ですら正確に読めているか怪しい高校生が、初見の英語の長文を読めるわけがありません。まずは**一文を正確に訳す**。ここから始めていきましょう。

全ての英語学習の効率を高める

　「この関係代名詞節は節中の目的語が抜けた不完全文である。関係代名詞は、先行詞を後置修飾し、形容詞節を形成する」……教科書や参考書を読むと、このように難しい言葉が並んでいて、とっつきづらいですよね。こういう類いの説明に対して、英語が大の苦手だった当時の僕は、「もはや呪文！嫌になっちゃう！わかりやすく説明しろよ！！」と思っていたわけです。でも、この説明、英語ができる人はすんなりと理解できるのです。

　英語が苦手な人が先ほどの説明を理解できないのは、英語学習でよく使われる言葉とその意味を知らないことが原因です。本書では、その言葉たちをわかりやすく丁寧に説明することから始めています。しかも、みんなが挫折してしまわないように中学生でもわかるような例文を使って。本書に取り組んだ後には、その言葉たちが理解できるようになり、**今後の全ての英語学習の効率が見違えるほどに向上します**。

本書のこだわりポイント

品詞や文型をはじめの Chapter で重点的に学ぶ構成にした

　多くの参考書は巻頭や「第0章」で、品詞や文型の説明をしているが、英語が嫌いな高校生の多くがその箇所をサラッと読み飛ばしている。実は、英語学習においてここが一番大切なところなのにもかかわらず。本書は、あえて **Chapter 1** で品詞や文型を重点的に取り扱っている。

できる限り簡単な語彙で例文を作成した

　本書は「一文を正確に訳す」をゴールとして定め、そのゴールまで最大効率で駆け抜けるために現段階では不要と判断したものは徹底的に排除している。また、本書は英文解釈の学習をしながら英文内の単語や熟語を自然に覚えていけるほど器用な高校生を読者として想定していない。英語が苦手な読者にとって、本書で学習をするうえで英文内に未知の単語が頻出することは「ノイズ」になりえると考え、あえて簡単な単語（中学〜高校初級レベル）を中心に例文を構成している。

　ただし、英語力を鍛えるのにあたって、欠かせないのが「語彙力」であることは疑いようがない事実である。本書での学習と併せて、英単語集や英熟語集を使い、確かな語彙力を身につける努力も怠らないでほしい。

例文の難易度に一貫性を持たせることで一気に駆け抜けられる

　本書は、最初から最後まで、一貫した例文の難易度になるよう工夫をしている。途中で例文の難易度が急に上がってついていけなくなり、結果的に学習を断念してしまうということが起こりにくいよう、細心の注意を払った。

　ただし、**Chapter 1** で学んだことが **Chapter 2** に登場し、**Chapter 1** と **Chapter 2** で学んだことが **Chapter 3** に登場し、といったような、既習事項をたえず確認しながら定着を図る作りを意識している。したがって、途中で「チャプターを飛ばして別のチャプターに進む」といったような学習の仕方は意図し

ていないため、絶対にやめてほしい。

簡単な例文で学んだルールで、難しい英文にも対応できる

　繰り返しになるが、本書のゴールは「一文を正確に訳す」ことである。長文読解に取り組んだ際、複雑な英文を目の当たりにしてもたじろぐことなく対応できるよう、普遍的なルールを要点整理や一問一答のコーナーで簡潔にまとめている。要点整理や一問一答はミニブックにも再掲しており、この内容を完璧に自分のものにできたなら、英文と向き合う際の強力な武器を得た証しとなる。暗唱すべきは例文ではなく、ミニブックに収録している「（普遍的な）ルール」の方であることをここで強調しておきたい。

日本語にも SVOC を振っている

　本書では、英文の構造を把握しやすくするため、掲載する日本語訳はできる限り基本文型に忠実な日本語になるよう心がけた。また、英文と日本語訳を対照して比較しやすいよう、日本語訳にも SVOC を振った。まずは、直訳でもいいので、英文の構造をしっかり意識した訳を導き出す訓練を積んでほしい。

動詞の語法をあえて扱っていない

　本書で扱うかどうか最後まで悩んだ項目に、「動詞の語法（動詞の後ろがどのような形になるか）」がある。動詞の語法を扱わない英文解釈の参考書の作成は、かなりのチャレンジであった（動詞の語法を扱っていれば、どれほど例文の選出が楽だったろうか…）。

　最終的に扱わないという結論に至った理由は、覚えることがあまりに多くなり、いちばんはじめに取り組んでほしい英文解釈の入門的な参考書としては、不適だと考えたからである。多くの初学者向けの英文解釈の参考書には動詞の語法が収録されている。しかし、そこに収録されている程度の量では大学受験に必要な語法の量として、言うまでもなく、圧倒的に足りないのである。それならば、いっそ本書では扱わず、必要量がまとまっている文法書や英単語集、英熟語集で一気に覚えてしまうのが効率的だと考えた。

　無論、本書で取り扱っていないだけで、大学受験において語法の知識が重要であることは言うまでもない。受験生は、本書に取り組んだ後に、動詞の語法を覚えるのを怠らないようくれぐれも注意してほしい。

八澤の　たった7時間で英文解釈

目次

受験に必須の英文解釈を最速で駆け抜ける

本書は、「受験に必須の英文解釈を最速で駆け抜ける本」を基本コンセプトに、
英文解釈のエッセンスを5つのChapterに凝縮しました。
本書の内容をマスターすることで、英文解釈に関しては、
難関レベルの大学入試の問題に挑むことができる力が身につきます。

参考書

丁寧な解説とスモールステップ式の4つの手順に沿った学習を積むことで、❶解釈が理解できる➡❷重要事項を暗記する➡❸問題が解けるまで、確実に導く。

授業動画

マナビズム超人気講師の八澤龍之介先生による、「超」がつくほど面白くてわかりやすい授業動画が、学習を完全サポート。白熱の授業で、絶対に挫折させない。

ミニブック

学習内容が完全に「自分のもの」になったかを確認するための暗記ツール。本書から取り外して持ち運べるので、スキマ時間でどこでも復習することが可能。

英文解釈を
4つのステップで完全攻略

全ての Chapterは次の4つのステップから構成されています。
ステップに沿って学習を進めていくことで、英文解釈の基本とその応用力が着実に身につきます。

STEP 1 講義

英文解釈を講義調の文章で徹底的にわかりやすく解説。
二次元コードから著者の八澤龍之介先生による授業動画にも
アクセスでき、スマホでいつでもどこでも何度でも授業が受けられる。

STEP 2 要点整理

STEP 1で説明した重要事項をコンパクトに要点を整理して掲載。

STEP 3 一問一答

STEP 1の講義が身についているかを一問一答形式でチェック。
※なお、本書の巻頭に付属している「英文解釈どこでもミニブック」には、
　全Chapterの要点整理と一問一答を抜粋して掲載している。

STEP 4 基本練習

STEP 1 ～ STEP 3までの内容の理解度を問題形式で問う。

著者直伝
本書の理想的な使い方

参考書は使い方次第で、学習効果に大きな差が出るものです。
そこで、著者本人による「本書の理想的な使い方」を
最初の授業動画で伝授します。勉強を開始する前に、必ず受講してください。

イントロダクション

絶対に成績が伸びる勉強法

NOTE

チェック!

☑ ＿＿＿＿＿＿＿ を開いて授業動画を見る

☑ ＿＿＿＿＿＿＿ を暗記する

☑ ＿＿＿＿＿＿＿ に取り組む

☑ ＿＿＿＿＿＿＿ を何度も復習する

☑ ＿＿＿＿＿＿＿ が完璧な状態で次のチャプターの学習に進む

☑ 最終ゴールは＿＿＿＿＿＿＿ の完成

　　［完成とは］…＿＿ 分以内で復習（口に出してスラスラ読み上げられる）
　　　　　　　　　できる状態のこと

動画の二次元コード一覧

本書の二次元コードがついた部分は、コードを読み込み、
YouTubeで授業動画が見られます。
スマホやタブレットを利用し、視聴してください。
なお、二次元コードの一覧を次に用意しました。
このページから各動画にアクセスすることもできます。ぜひ、ご利用ください。

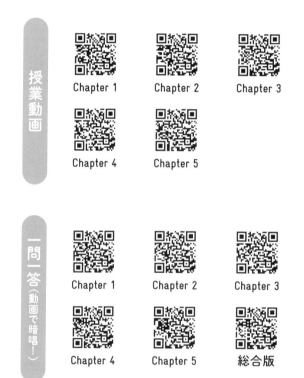

授業動画

Chapter 1　Chapter 2　Chapter 3

Chapter 4　Chapter 5

一問一答（動画で暗唱！）

Chapter 1　Chapter 2　Chapter 3

Chapter 4　Chapter 5　総合版

※お客様のネット環境およびパソコンや携帯端末の環境により、音声のダウンロードや再生、
　動画の視聴ができない場合、当社は責任を負いかねます。また、動画の公開は予告なく終了することがあります。

品詞と文型の攻略

Mastering parts of speech
and sentence structures

重 要 知 識 編

1. 武器をそろえる

　すぐに問題にチャレンジしていきたいところですが、その前に英語学習でよく出てくる言葉を一通り理解し、戦うための武器をそろえたいと思います。「品詞」や「文型」、「形容詞句」や「副詞節」、どれも聞いたことがある言葉ですよね？　ところが、これらの**言葉の意味をきちんと理解していないと、本書を読み進めることはおろか、他の参考書や学校の教科書も理解することができません。**まずは勉強を開始する前の下準備。基本的な言葉の意味を理解していきましょう。

2. 品詞

　品詞とは単語の種類のことで、全部で10種類（名詞・代名詞・動詞・助動詞・形容詞・副詞・前置詞・接続詞・冠詞・間投詞）あります。英語学習において、これら**品詞の中で最も重要なのは動詞で、続いて名詞・形容詞・副詞が重要**です。本書では、この4つの品詞を判別する訓練を行います。

3. 文型

　文型とは、簡単に言うと「英文の並び方のルール」です。実は英語において並び方のルールはたったの5つしかありません。それが **SV、SVC、SVO、SVOO、SVOC** の5つの形。このたった**5つの形に全ての英文は分類することができる**のです。今の段階ではきちんと理解していなくとも、本書で学習を進めていくうちにきちんと区別できるようになるので、今は**5つの形（SV、SVC、SVO、SVOO、SVOC）がある**んだな、という程度で構いません。

POINT 1　5つの文型

動詞	一般動詞	1文型 存在・移動	S V
		2文型 S＝C	S V C ＝
		3文型	S V O ≠
		4文型 与える	S V O ≠ O
		5文型 O＝C	S V O ＝ C S　V
	be動詞	1文型 存在	S V
		2文型 状態	S V C ＝

※S（主語）　＝文の動作主を表し、日本語で「〜は、が」と訳される。
　V（動詞）　＝主語が行う動作・行為を表す。
　O（目的語）＝動詞が表す動作・行為の対象を表す。
　　　　　　　日本語で「〜を、に」と訳される。
　C（補語）　＝主語や目的語に意味を補って、その性質や状態を説明する。

013

4. 動詞（V）

　動詞は、「動作や状態」を表す品詞です。本書では動詞をVと表記します。動詞は大きく2つに分けることができ、それが**一般動詞とbe動詞**です。一般動詞はあまりに数が多く、全てを覚えることは不可能なので、数の少ないbe動詞だけを覚え、be動詞以外の動詞を一般動詞と判断します。

　また、文型（英文の並び方のルール）は動詞によって決まります。文中にある動詞が一般動詞のときは、5つの形（SV、SVC、SVO、SVOO、SVOC）のどれにでもなりえますが、**be動詞のときは1文型（SV）か2文型（SVC）にしかなりえません。**

POINT 2 be動詞以外は一般動詞

原形	現在形	過去形	過去分詞	現在分詞
be	am are is	was were	been	being

5. 動詞以外の重要な品詞 ［名詞］〈形容詞〉（副詞）

　動詞以外の品詞で、最初に理解しておきたい3つの品詞があります。それが**名詞・形容詞・副詞**の3つの品詞です。名詞は「人、物、こと」を表す言葉です。形容詞は名詞を修飾する言葉で、副詞は名詞以外を修飾する言葉です。

※他の語を説明することを「修飾する」とか「かかる」と表現します。

　[名詞]は「S・O・C・前置詞のO」になり、〈形容詞〉はCになるか、または[名詞]を修飾し、(副詞)はS・V・O・Cにはならず[名詞]以外を修飾します。このルールは初学者が英語を学ぶ上で必須の前提事項ですので、必ず暗記してください。

　本書では名詞を[四角カッコ]、形容詞を〈三角カッコ〉、副詞を(丸カッコ)で囲んで表します。

PRACTICE　次の3つの日本語を[名詞]〈形容詞〉(副詞)に分類せよ。

めっちゃ　　　　かわいい　　　　女の子

▶「女の子」が[名詞]　[名詞]を中心に、[名詞]を修飾するか、[名詞]以外を修飾するかで他の品詞を確定させる。

▶「かわいい」が〈形容詞〉　「めっちゃ女の子」「かわいい女の子」→女の子という[名詞]を修飾しているのは「かわいい」→[名詞]を修飾するものは〈形容詞〉→「かわいい」は〈形容詞〉

▶「めっちゃ」が(副詞)　「めっちゃかわいい」「めっちゃ女の子」→「めっちゃ」が修飾しているのは「かわいい」→[名詞]以外を修飾するものは(副詞)→「めっちゃ」は(副詞)

POINT 3　動詞以外の重要な品詞　[名詞]〈形容詞〉(副詞)

動詞以外の重要な品詞		
[名詞]	〈形容詞〉	(副詞)
S・O・C・前置詞のO	C	S・V・O・Cにならない
	[名詞]を修飾	[名詞]以外を修飾

6. 句と節（カタマリの感覚）

英語ではカタマリの感覚が非常に重要です。英語のカタマリはたった2種類しかなく、それが**句と節**と言われるものです。**句とは SV を含まないカタマリ**のことをいい、**節とは SV を含むカタマリ**のことをいいます。

POINT 4 句と節の違い

句	SVを含まないカタマリ
節	SVを含むカタマリ

PRACTICE 次の＿＿＿＿＿のカタマリが句か節か答えよ。

❶ I live in Osaka.
  s v

▶ 句　SVが含まれていない→句→カタマリは前置詞から始まっている
　　→前置詞句

❷ I think that he told me a lie.
  s v

▶ 節　S（＝he）V（＝told）が含まれている→節→カタマリはthatから始まっている→that節

7.　自動詞と他動詞

　自動詞とは後ろにOがない動詞、**他動詞とは後ろにOがある動詞**のことをいいます。後ろにOがあるかないかの区別が英語学習にどう役立つか、今は理解できないと思います。ただこれは後で確実に効いてくるので、現段階ではこの定義をそのまま正確に覚えてください。

　これから英語の勉強をしていくにあたって、出てくる動詞が自動詞か他動詞かを見分ける力が必要です。ただでさえ覚えるのがしんどい英単語の動詞を、一つ一つ「これは自動詞、これは他動詞…」と覚えていくのにはかなりの時間がかかります。ですから、僕たちは一つ一つの動詞を丸暗記していくのではなく、**自動詞か他動詞かを見分ける方法を覚えておく**ようにしましょう。動詞を訳した後に「**何をやねん！」とツッコめる動詞は他動詞、ツッコめない動詞が自動詞**です。「何でやねん」「どこにやねん」「誰がやねん」これらのツッコミはナシで、「**何をやねん！**」、このツッコミのみで自動詞か他動詞かを判断します。全ての動詞がこのルールで対応できるわけではありませんが、多くの動詞がこれで判断できるので、初学者はまずこの方法で自動詞か他動詞かを見分けられるようにしましょう。

POINT 5　自動詞と他動詞

自動詞	後ろにOがない動詞
他動詞	後ろにOがある動詞
判別法　他動詞は「何をやねん！」とツッコめる	

PRACTICE	次の動詞が自動詞か他動詞か答えよ。

❶ use　▶ 他動詞　「使う」　　※「何をやねん!」とツッコめる

❷ swim　▶ 自動詞　「泳ぐ」　　※「何をやねん!」とツッコめない

❸ know　▶ 他動詞　「知っている」　※「何をやねん!」とツッコめる

❹ go　▶ 自動詞　「行く」　　※「何をやねん!」とツッコめない

8. 前置詞句

「in、on、at」のような単語を前置詞といいます。**前置詞は、必ず後ろに [名詞] を置き、〈 形 容 詞 句 〉または (副 詞 句)** となります。

[名詞]を修飾するSVを含まないカタマリ　　　[名詞]以外を修飾するSVを含まないカタマリ

 POINT 6　前置詞句

前置詞句
前置詞＋名詞
〈形容詞句〉か（副詞句）になる

9. 冠詞

a / an や the をまとめて冠詞と呼びます。冠詞は名詞の前に置かれ、a / an のことを不定冠詞と呼び、the のことを定冠詞と呼びます。**a / an はたくさんあるうちの一つ、the は特定する**というイメージです。これはイメージで覚えましょう。

POINT 7 不定冠詞a / an と定冠詞the

冠詞	
名詞の前に置かれる	
不定冠詞a / an	定冠詞the
たくさんあるうちの一つ	特定

10.　接続詞

　接続詞は等位接続詞と従属接続詞の2種類に分けられます。and / but / or などを等位接続詞といい、これらは等しい位のもの（同じ働きの語、句、節）をつなぎます。**等位接続詞には、and / but / or / nor / for / so / yet の7つしかありません。**

　一方で because / if / though などを従属接続詞といい、これらは**後ろにS'V'を伴い（副詞節）を形成します。**

POINT 8 等位接続詞と従属接続詞

接続詞		
等位接続詞	後ろの形を見て役割上同じものをつなぐと判断する	
and	「と / そして / それから / すると / しかも～」	
but	「しかし」	
or	「または / さもないと」	
nor	「～もまた…ない」	
for	「というのも～だからだ」	
so	「だから」	
yet	「しかし」	
従属接続詞	直後にS'V'をとり、(副詞節)となる ※that, if, whetherのみ[名詞節]にもなる	
時	(when S' V' ～)	「～するとき」
	(while S' V' ～)	「～する間」
	(before S' V' ～)	「～する前に」
	(after S' V' ～)	「～した後で」
	(until / till S' V' ～)	「～までずっと」
	(by the time S' V' ～)	「～までに」
	(since S' V' ～)	「～して以来」
	(as soon as S' V' ～)	「～するとすぐに」
	(as S' V' ～)	「～するとき」
理由	(because S' V' ～)	「～なので」
	(since S' V' ～)	
	(as S' V' ～)	
条件	(if S' V' ～)	「もし～なら」
	(unless S' V' ～)	「～しない限り」
	(once S' V' ～)	「いったん～すれば」
対比	(while S' V' ～)	「～一方」
様態	(as if S' V' ～)	「まるで～のように」
	(as though S' V' ～)	
	(as S' V' ～)	「～のように」
譲歩	(though S' V' ～)	「～だけれども」
	(although S' V' ～)	
	(even if S' V' ～)	「たとえ～としても」
	(even though S' V' ～)	

講義

例文演習編

テーマ 1 SVの発見

チェック！

1 一番初めの［名詞］がSとなる
2 ［名詞］以外はSにならない
3 Sを付けたところは「〜は・が」と訳す

LESSON

次の英文にSVOC、［名詞］〈形容詞〉（副詞）のチェックをし、日本語に訳しなさい。

001 The old house stands at the top of the mountain.

訳 ....

002 There are a lot of flowers in the garden.

訳 ....

003 At the top of the mountain stands the old house.

訳 ....

001 The old house stands (at the top ⟨of the mountain⟩).
S   V

訳 その古い家は（〈山の〉頂上に）立っている。
S   V

　The old house が S、stands が V。続く at や of の品詞は**前置詞ですか****ら、後ろに［名詞］がきて、〈形容詞句〉または（副詞句）となります。**at the top of the mountain のカタマリは、動詞 stands を修飾しているので（副詞句）となり、その中の of the mountain は、直前の名詞 the top を修飾しているので〈形容詞句〉となっています。

002 (There) are a lot of flowers (in the garden).
V   S   V

訳 たくさんの花が（庭に）ある。
S   V

　there は、There is［are］の形では訳しませんが、単体では「そこに」と訳します。「そこに」の品詞は何か？　日本語で修飾する先を考えましょう。×「そこに→たくさんの花」、○「そこに→ある」。動詞を修飾していますね。**［名詞］以外を修飾するのは（副詞）なので、**there は（副詞）になります。**（副詞）は S・V・O・C にはならないので、**丸カッコでくくり出します。are が V。最初に出てきた［名詞］の a lot of flowers が S となります。V の前が必ず S になるわけではありません。基本的に、**英文の一番****初めに出てきた［名詞］が S** となります。in the garden は are にかかるため（副詞句）となります。

構 造 解 説

003　(At the top ⟨of the mountain⟩) stands the old house.
　　　　　　　　　　　　　　　　　　　　　V　　　　　S

直訳 その古い家は（⟨山の〉頂上に）立っている。
　　　　S　　　　　　　　　　　　　　　　　V

　At は前置詞なので、**後ろに［名詞］がきて、⟨形容詞句⟩または（副詞句）** となります。ちなみに、**文頭の前置詞句は必ず（副詞句）** となります。よって、At から丸カッコを開始。続いて、前置詞 of が出てきました。この of は前の［名詞］the top を修飾しているので、⟨形容詞句⟩となります。stands は V なので、At からの丸カッコにも、of からの三角カッコにも入りません。the old house は**一番初めに出てきた名詞なので、S** です。

(テーマ 2) 等位接続詞

チェック!

1 等位接続詞が出てきたら、後ろを見る
2 何と何を接続するのかを考える
3 接続されるものは文中でほぼ同じ形・同じ役割になる

LESSON

次の英文に SVOC、［名詞］⟨形容詞⟩（副詞）のチェックをし、等位接続詞を丸で囲み、日本語に訳しなさい。

004 He wanted to go home and watch TV.

訳 ....

005 She wanted to enter college, and studied hard.

訳 ....

006 I will prepare, and someday my chance will come.

訳 ....

構造解説

004 He wanted [to go (home) and watch TV].
　　 S　　 V　　　O　　(V)　　　　　　　(V)　　(O)

訳 彼は（家に）帰って、テレビを見たかった。
　 S　　　(V)　　　　(O)　　(V)　　V

※本書では句の中のSVOC関係を(S)(V)(O)(C)と表現し、節の中のSVOC関係を
S'V'O'C'と表現します。
※home は「家」という［名詞］ではなく、「家に」という意味の（副詞）で使われ
ることが多い。

　He が S になり、wanted が V。want「欲しい」は「何をやねん!」と
ツッコめるので他動詞となります。他動詞の後ろにはOがきて、Oになれ
る品詞は［名詞］のみなので、to以降は［名詞句］を形成しています。(➡不
定詞 to V は **Chapter 2** で詳しく取り扱います)

　and は**等位接続詞なので後ろを確認します**。今回は後ろが動詞の原形
watch になっています。wanted が過去形、go が動詞の原形で、**等位接続
詞で接続されるものは文中で同じ形で同じ役割をする**ので、and は watch
と go を接続すると考えます。

構造解説

005 She wanted [to enter college], and studied (hard).
　　　 S　　 V　　　(V)　　　(O)　　　　　　 V

> 訳 彼女は大学に入りたかった。そして、（一生懸命）勉強した。
> 　　S　　(O)　(V)　　　　　　　　　　　　　　　　V　　　　　　　　V

　004 と 005 の形はほぼ同じですが、基本に忠実に構造を把握していきましょう。等位接続詞は**役割上同じものをつなぐ**のでした。今回の等位接続詞 and の後ろは動詞の過去形 studied になっています。そのため、studied と wanted をつなぐと考えます。wanted は to から始まる［名詞句］の中に入っていないので、studied も入れることはできません。よって、to から始まる四角カッコは college までとなり、「勉強したかった」と訳してはいけません。

構造解説

006 I will prepare, and（someday）my chance will come.
　　S　　V　　　　　　　　　　　　　　　　S　　　　　V

> 直訳 私は準備しよう。そして、（いつか）チャンスはやってくる。
> 　　　S　　V　　　　　　　　　　　　　　　　　　S　　　　　V
> 意訳 準備しておこう。いつかチャンスは訪れるものだ。

---

　someday は「いつか」という意味です。× 「いつか→私のチャンス」、○「いつか→来る」と動詞（名詞以外）を修飾しているので、（副詞）になります。and がきたら後ろを見て、接続しているものが何か考えます。後ろは（someday）になっているのですが、and の前に（副詞）があるかというと、ないですよね。このように、副詞どうしをつなぐ場合以外は、**等位接続詞直後の（副詞）は飛ばして考えることができます**。その後ろは my chance が S、will come が V で SV 関係となっており、今回の and は SV と SV をつなぐ働きをしています。

　このように、等位接続詞の and / but / or / nor / for / so / yet は全てこの処理で攻略することができます。**等位接続詞が出てきたらまず後ろを見て、役割上同じものを探し、何と何をつないでいるかを判断**しましょう。

テーマ 3 従属接続詞

1 従属接続詞は直後に S'V' がくる
2 従属接続詞 + S'V' の形で（副詞節）となる
3 that / if / whether のみ名詞節にもなる（◯ P096, 102）

LESSON

次の英文に SVOC、[名詞]〈形容詞〉（副詞）のチェックをし、日本語に訳しなさい。

007 When I was walking along the street, I met Yuki.

訳 ....

008 Before we leave, we are going to have lunch.

訳 ....

009 Please wait until I come back.

訳 ....

010 We don't realize the value of health until we lose it.

訳 ....

011 The car broke down because the driver was careless.

訳 ....

012 Since I have no money, I can't go to the concert.

訳 ....

013 If you can dream it, you can do it.

訳 ....

014 You'll be sick unless you stop eating.

訳 ....

構造解説

007 (When I was walking (along the street)), I met Yuki.
　　　　　S'　　　　V'　　　　　　　　　　　　　S　V　　O

訳 （私が（通りに沿って）歩いていたとき）、私はユキに会った。
　　　　S'　　　　　　　　V'　　　　　　　　　　S　O　　V

　Whenは**従属接続詞なので、直後にS'V'がきて、（副詞節）を形成します**。したがって、Whenから丸カッコを開始。IがS'、was walkingがV'になります。alongは前置詞で今回は（副詞句）を形成しています。続いてSV関係のI metがきますが、Whenから始まった（副詞節）の中に、等位接続詞もなく2つのSVが入ることはありえないので、Whenからの丸カッコは2つめのIの前で終了です。

構造解説

008 (Before we leave), we are going to have lunch.
　　　　　　S'　　V'　　　S　　　V　　　　　O

訳 （出発する前に）、私たちは昼食を食べるつもりだ。
　　　　V'　　　　　　　S　　　O　　　V

Before も**従属接続詞なので、直後に S'V' がきて、（副詞節）を形成します**。Before の後ろは we leave, we are …と SV, SV が続きますが、Before から始まった（副詞節）の中に、等位接続詞もなく2つの SV が入ることはありえないので、Before からの丸カッコは2つめの we の前で終了です。

構造解説

009 Please wait（until I come back）.
　　　　 V　　　　　　 S' V' 　　　V'

訳 （私が帰ってくるまで）、待っていてください。
　　　 S' 　　　 V' 　　　　　　 V

※ Please と back は正確には（副詞）のため（丸カッコ）に入れてもよい。

　Please wait が V。このように主語が抜けた文を**命令文**といいます。until は**従属接続詞なので、直後に S'V' がきて、（副詞節）を形成します**。このように、従属接続詞のカタマリが文の後半にくる場合もあります。

構造解説

010 We don't realize the value〈of health〉（until we lose it）.
　　　　 S　　　 V　　　　 O　　　　　　　　 S' V' O'

直訳 （健康を失うまで）、私たちは〈健康の〉価値に気づかない。
　　　 O' 　　 V' 　　　　 S 　　　　　　 S 　　　 O 　　 V

意訳 健康を失って初めて、その価値がわかるのだ。

　We が S、don't realize が V。realize「気づく」は「何をやねん！」とツッコめるので、他動詞。他動詞の後ろは O がくるので、the value は［名詞］で O になります。of は前置詞で、今回は「健康の→価値」と名詞を修飾するので〈形容詞句〉を形成しています。until は**従属接続詞で、直後に S'V' がきて、（副詞節）を形成しています**。

　これは not 〜 until …といわれる構文です。この形で出てきたら「『…して初めて〜する』と覚えましょう」と学校で習ったかもしれませんが、こ

んなことは丸暗記しないでください。構造を捉えて until の意味をしっか
り覚えていればその訳も導き出せますし、他のシーンでも使える力になり
ます。

構 造 解 説

011 The car broke down（because the driver was
　　　S　　　　　V　　　　　　　　　　　　　S'　　　V'
careless）.
C'
訳（運転手が不注意だったから）、その車は故障した。
　　　　 S'　　　 C'　　 V'　　　　　　　 S　　　　 V

※ down は正確には（副詞）のため（丸カッコ）に入れてもよい。

---

because は**従属接続詞で、直後に S'V' がきて、（副詞節）を形成します**。
the driver が S' になり、was が V' になります。be 動詞は1文型か2文型な
ので、今回の careless「不注意な」は〈形容詞〉で C' となります。

構 造 解 説

012（Since I have no money）, I can't go（to the concert）.
　　　　S' V'　　 O'　　　　 S　　　 V
訳（お金を持っていないから）、私は（そのコンサートに）行くこ
　　　　 O'　　　　　 V'　　　　 S
とができない。
　V

Since は**従属接続詞で、直後に S'V' がきて、（副詞節）を形成します**。to
の後ろが［名詞］なので、この to は前置詞。「そのコンサートに→行く」
と動詞にかかるので（副詞句）となります。

─ 構造解説 ─

013 (If you can dream it), you can do it.

直訳 （もしそれを夢見ることができたら）、あなたはそれをかなえられる。

意訳 夢見ることができれば、それは実現できる。

If は**従属接続詞で、直後に S'V' がきて、（副詞節）を形成します。**基本的に dream は自動詞で、「dream of 〜」や「dream about 〜」のように前置詞とセットで使うことが多いのですが、今回の英文はウォルト・ディズニーの名言で、語感を優先して他動詞で使われています（今は覚えなくて OK です）。

─ 構造解説 ─

014 You'll be sick (unless you stop eating).

訳 （食べることをやめない限り）、あなたは病気になるだろう。

---

unless は**従属接続詞で、直後に S'V' がきて、（副詞節）を形成します。**stop「やめる」は「何をやねん！」とツッコめるので他動詞となり、後ろに O がきます。よって、eating は O' となります。

要 点 整 理

✓ 1　5つの文型

動詞	一般動詞	1文型 存在・移動	S V
		2文型 S=C	S V C =
		3文型	S V O ≠
		4文型 与える	S V O ≠ O
		5文型 O=C	S V O = C 　　　　S　V
	be動詞	1文型 存在	S V
		2文型 状態	S V C =

✓ 2　be動詞以外は一般動詞

原形	現在形	過去形	過去分詞	現在分詞
be	am are is	was were	been	being

✓ ③ 動詞以外の重要な品詞［名詞］〈形容詞〉（副詞）

動詞以外の重要な品詞		
［名詞］	〈形容詞〉	（副詞）
S・O・C・ 前置詞のO	C	S・V・O・Cにならない
	［名詞］を修飾	［名詞］以外を修飾

✓ ④ 句と節の違い

句	SVを含まないカタマリ
節	SVを含むカタマリ

✓ ⑤ 自動詞と他動詞

自動詞	後ろにOがない動詞
他動詞	後ろにOがある動詞
判別法 他動詞は「何をやねん！」とツッコめる	

✓ ⑥　前置詞句

前置詞句
前置詞 + 名詞
〈形容詞句〉か（副詞句）になる

✓ ⑦　不定冠詞 a / an と定冠詞 the

冠詞	
名詞の前に置かれる	
不定冠詞a / an	定冠詞the
たくさんあるうちの一つ	特定

✓ ⑧ 等位接続詞と従属接続詞

接続詞		
等位接続詞	後ろの形を見て役割上同じものをつなぐと判断する	
and	「と / そして / それから / すると / しかも〜」	
but	「しかし」	
or	「または / さもないと」	
nor	「〜もまた…ない」	
for	「というのも〜だからだ」	
so	「だから」	
yet	「しかし」	
従属接続詞	直後にS'V'をとり、(副詞節) となる ※ that, if, whether のみ [名詞節] にもなる	
時	(when S' V' 〜)	「〜するとき」
	(while S' V' 〜)	「〜する間」
	(before S' V' 〜)	「〜する前に」
	(after S' V' 〜)	「〜した後で」
	(until / till S' V' 〜)	「〜までずっと」
	(by the time S' V' 〜)	「〜までに」
	(since S' V' 〜)	「〜して以来」
	(as soon as S' V' 〜)	「〜するとすぐに」
	(as S' V' 〜)	「〜するとき」
理由	(because S' V' 〜)	「〜なので」
	(since S' V' 〜)	
	(as S' V' 〜)	
条件	(if S' V' 〜)	「もし〜なら」
	(unless S' V' 〜)	「〜しない限り」
	(once S' V' 〜)	「いったん〜すれば」
対比	(while S' V' 〜)	「〜一方」
様態	(as if S' V' 〜)	「まるで〜のように」
	(as though S' V' 〜)	
	(as S' V' 〜)	「〜のように」
譲歩	(though S' V' 〜)	「〜だけれども」
	(although S' V' 〜)	
	(even if S' V' 〜)	「たとえ〜としても」
	(even though S' V' 〜)	

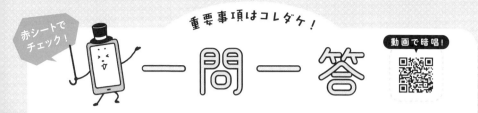

赤シートでチェック！

重要事項はコレダケ！

一問一答

動画で暗唱！

01	5文型とは？	SV / SVC / SVO / SVOO / SVOC
02	1文型の動詞の意味は？	存在・移動
03	4文型の動詞の意味は？	与える
04	2文型のSとCの関係は？	=
05	3文型のSとOの関係は？	≠
06	4文型のOとOの関係は？	≠
07	5文型のOとCの関係は？	= / SV
08	動詞以外の重要な品詞3つは？	［名詞］〈形容詞〉（副詞）
09	［名詞］の働きは？	S / O / C / 前置詞のO
10	〈形容詞〉の働きは？	C / ［名詞］を修飾
11	（副詞）の働きは？	SVOCにならない / ［名詞］以外を修飾
12	S（主語）になれる品詞は？	［名詞］
13	O（目的語）になれる品詞は？	［名詞］
14	C（補語）になれる品詞は？	［名詞］〈形容詞〉

15 句とは？　　　SVを含まないカタマリ

16 節とは？　　　SVを含むカタマリ

17 自動詞とは？　　　後ろにOがない動詞

18 他動詞とは？　　　後ろにOがある動詞

19 自動詞と他動詞はどう見分ける？　　　「何をやねん!」とツッコめたら他動詞

20 前置詞の後ろにくる品詞は？　　　［名詞］

21 前置詞は何句を形成する？　　　〈形容詞句〉か（副詞句）

22 接続詞の2つの種類は？　　　等位接続詞と従属接続詞

23 等位接続詞7つは？　　　and / but / or / nor / for / so / yet

24 等位接続詞が出てきたら、どこを見る？　　　後ろ

25 従属接続詞の後ろのカタチは？　　　S' V'

26 従属接続詞は基本的に何節を形成する？　　　（副詞節）

27 従属接続詞で［名詞節］にもなるもの3つは？　　　that / if / whether

28 不定冠詞a / anのイメージ　　　たくさんあるうちの一つ

29 定冠詞theのイメージ　　　特定

基本練習

（○解答と解説は別冊 P001）

1 次の英文に SVOC、［名詞］〈形容詞〉（副詞）のチェックをし、日本語に訳し、日本語にも SVOC を振りなさい。また、等位接続詞を丸で囲みなさい。（4点×14問＝56点）

(1) The old house stands at the top of the mountain.

訳 ....

(2) There are a lot of flowers in the garden.

訳 ....

(3) At the top of the mountain stands the old house.

訳 ....

(4) He wanted to go home and watch TV.

訳 ....

(5) She wanted to enter college, and studied hard.

訳 ....

(6) I will prepare, and someday my chance will come.

訳 ....

(7) When I was walking along the street, I met Yuki.

訳 ....

(8) Before we leave, we are going to have lunch.

訳 ....

(9) Please wait until I come back.

訳 ....

(10) We don't realize the value of health until we lose it.

訳 ....

(11) The car broke down because the driver was careless.

訳 ....

(12) Since I have no money, I can't go to the concert.

訳 ....

(13) If you can dream it, you can do it.

訳 ....

(14) You'll be sick unless you stop eating.

訳 ....

2 次の英文について後の問に答えよ。（各2点×22問＝44点）

(1) The rules of soccer sometimes change.

1. この文の動詞はどれか。

2. sometimes の品詞は何か。

(2) The girl gave her cat milk.

1. この文の文型は何か。

文型

2. この文を訳せ。

訳 ....

(3) The girl named her cat Milk.

1. この文の文型は何か。

文型

2. この文を訳せ。

訳 ....

(4) I have to stay home, for I caught a cold yesterday.

1. for の品詞は何か。

2. この文を訳せ。

訳 ....

(5) The founder of the school died in 1985.　　※ founder ＝創設者

　　1.　of the school は名詞句・形容詞句・副詞句のどれか。

　　　　　　　　　　　　　　　　　　　　　　　　　　　　句

　　2.　in 1985は名詞句・形容詞句・副詞句のどれか。

　　　　　　　　　　　　　　　　　　　　　　　　　　　　句

　　3.　この文の動詞はどれか。

(6) Her plan sounded strange to me.　　※ strange ＝奇妙な

　　1.　この文の文型は何か。

　　　　　　　　　　　　　　　　　　　　　　　　　　　文型

　　2.　to の品詞は何か。

(7) We found an interesting book.

　　1.　この文の文型は何か。

　　　　　　　　　　　　　　　　　　　　　　　　　　　文型

　　2.　この文を訳せ。

　訳

(8) We found the book interesting.

　　1.　この文の文型は何か。

　　　　　　　　　　　　　　　　　　　　　　　　　　　文型

　　2.　この文を訳せ。

　訳

(9) There is a difference between animal and human societies.

　　1.　between の品詞は何か。

　　2.　and は何と何をつないでいるか。

　　　　　　　　　　　　　　　　と

　　---------------------------------　　　---------------------------------

　　3.　この文の主語は何か。

　　　　　　　　　　　　　　　　　　　　　　　　---------------------------------

(10) Though he is young, he can speak three languages.

　　1.　Though の品詞は何か。

　　2.　この文を訳せ。

　　訳　---

SCORE

/100点

句の攻略
準動詞

Mastering phrases
non-finite verbs

重 要 知 識 編

1. 準動詞とは

Chapter 2 では準動詞を扱います。準動詞とは、**V を使用しているものの V にはならないもの**で、英文法の**不定詞・動名詞・分詞・分詞構文の総称**です。英語は V を捉えなければ文章を正しく読めないのですが、V っぽく見えてしまう準動詞にだまされないように、このチャプターで準動詞の理解を深めていきます。

2. 準動詞の4つの種類と形

繰り返しになりますが、準動詞の種類は全部で4つ。**不定詞・動名詞・分詞・分詞構文**です。そして、**準動詞は必ず句になります**。この「V を使用しているものの V にはならない準動詞」は一体どの品詞になるのでしょうか？ 答えは［名詞］〈形容詞〉（副詞）です。**それぞれの形と、どの品詞になるか**を覚えてください。

まず1つ目の不定詞について。**不定詞は to V の形で、［名詞］〈形容詞〉（副詞）**のどのカタマリにもなることができます。

続いて2つ目の動名詞について。**動名詞は Ving の形で、［名詞］**のカタマリになります。つまり、**「S・O・C・前置詞の O」になる**ということです。

3つ目の分詞について。**分詞は Ving/Vpp の形で、〈形容詞〉のカタマリ**になります。つまり、**C になる、または［名詞］を修飾する**ということです。

　最後に4つ目の分詞構文について。**分詞構文は Ving/Vpp の形で、（副詞）**のカタマリになります。つまり、**S・V・O・C にならず、[名詞] 以外を修飾する**ということです。

　中学校では「不定詞 to V は『～こと』、『～ための』、『～ために』のどれかで訳しましょう」と習いませんでしたか？　訳から考える方法は、大学受験で通用しません。不定詞などの準動詞は**全て構造によって訳が決まり、構造を把握することで訳を導くことができる**のです。

POINT 9　準動詞の種類と形

準動詞	Vを使用しているものの、Vにならないもの			
文法項目	形	[名詞]	〈形容詞〉	（副詞）
不定詞	to V	○	○	○
動名詞	Ving	○		
分詞	Ving/Vpp		○	
分詞構文	Ving/Vpp			○

※本書では動詞の原形を V と表記し、ing 形を Ving、過去分詞形を Vpp と表現します。

　ここから、文法項目ごとではなく、**[名詞]〈形容詞〉（副詞）の品詞ごとに準動詞を分解していきます。**to V も Ving も [名詞]〈形容詞〉（副詞）全ての品詞の可能性があり、Vpp は〈形容詞〉（副詞）の可能性があります。

3. ［名詞］になる準動詞 ［不定詞の名詞的用法］と［動名詞］

　まずは、［名詞］になる準動詞からです。前のページの **POINT 9** の表を見てください。［名詞］になる準動詞は［不定詞の名詞的用法］と［動名詞］です。［名詞］の働きは「S・O・C・前置詞のO」ですから、**「S・O・C・前置詞のO」の箇所に to V があれば［不定詞の名詞的用法］、Ving があれば［動名詞］**だとわかります。品詞が［名詞］だとわかった場合は、「〜すること」と訳します。

4. 〈形容詞〉になる準動詞 〈不定詞の形容詞的用法〉と〈分詞〉

　次に〈形容詞〉になる準動詞です。ふたたび、前ページの **POINT 9** の表を見てください。〈形容詞〉になる準動詞は〈不定詞の形容詞的用法〉と〈分詞〉です。〈形容詞〉はCになるか、または［名詞］を修飾するのでした。なので、**Cになる、または［名詞］を修飾する to V は〈不定詞の形容詞的用法〉**となり、**Ving/Vpp は〈分詞〉**だとわかります。

　分詞をもう少し詳しく説明しましょう。分詞は Ving と Vpp の2種類ありますが、これは**修飾される［名詞］と修飾する〈分詞〉の関係によって、Ving/Vpp どちらになるかが決まります**。修飾される［名詞］と修飾する〈分詞〉の関係が**能動関係だと Ving** に、**受動・完了の関係だと Vpp** になります。

PRACTICE　次の2語の関係に着目し、下線部の動詞を分詞（Ving/Vpp）にしなさい。

❶ <u>sleep</u> + baby　「眠っている赤ちゃん」

▶ sleeping baby

「眠る」と「赤ちゃん」の関係。「赤ちゃんが眠る」という能動関係が成立するのでVing。

❷ <u>use</u> + car　「中古車」

▶ used car

「使う」と「車」の関係。「中古車」は「使われた車」と考える。「車が使う」という能動関係ではなく、「車が使われる」という受動関係なのでVpp。

👉 **POINT 10** 分詞のVingとVppの違い

分詞	修飾される［名詞］と修飾する〈分詞〉の関係を見る	
Ving	能動関係	「［名詞］が〇〇する」
Vpp	受動関係	「［名詞］が〇〇される」
	完了関係	「［名詞］が〇〇してしまった」

5.（副詞）になる準動詞①（不定詞の副詞的用法）

　ここからは最後の可能性である（副詞）を見ていきましょう。（副詞）になる準動詞の種類には（不定詞の副詞的用法）と（分詞構文）があります。ここでは、不定詞の副詞的用法を詳しく説明します。

不定詞の副詞的用法は6パターン：①目的　②感情の原因　③判断の根拠　④結果　⑤程度　⑥条件に分けられます。この中で、④⑤は熟語として暗記しましょう。⑥は使用頻度が低いので、特に重要なのは①②③の判別です。

POINT 11 不定詞の副詞的用法の種類

不定詞の副詞的用法					
①	目的	②	感情の原因	③	判断の根拠
④	結果	⑤	程度	⑥	条件

では、それぞれ **PRACTICE** を見ながら学んでいきましょう。

PRACTICE	次の下線部が、不定詞の副詞的用法の①目的　②感情の原因　③判断の根拠　④結果　⑤程度　⑥条件のいずれの用法であるか答えよ。

I studied (hard) (to pass the exam).
S　　V　　　　　　(V)　　　　　(O)

▶ ①目的　「試験に合格するために、私は一生懸命勉強した。」

　不定詞の副詞的用法で**最頻出**なのは①目的です。不定詞が（副詞）で使われていることがわかったら、**まずは①目的「〜するために」の訳で当てはめて考えてみましょう。**

PRACTICE　次の下線部が、不定詞の副詞的用法の①目的　②感情の原因
③判断の根拠　④結果　⑤程度　⑥条件のいずれの用法である
か答えよ。

I was excited (to hear that).
S　V　　C　　(v)　　(o)

　▶②感情の原因　「それを聞いて、私はワクワクした。」

　不定詞の直前に「ワクワクした」という感情を表す語があります。ここ
では、「ワクワクした」という感情になった原因を不定詞以下が示していま
す。**直前に感情を表す語がある場合、②感情の原因だと判断しましょう。**

PRACTICE　次の下線部が、不定詞の副詞的用法の①目的　②感情の原因
③判断の根拠　④結果　⑤程度　⑥条件のいずれの用法である
か答えよ。

She must be kind (to help me).
S　　V　　C　　(v)　　(o)

　▶③判断の根拠　「私を助けてくれるなんて、彼女は親切に違いない。」

　不定詞の直前に kind「親切だ」という性質を表す語があります。ここで
は、「親切だ」と判断できる根拠を不定詞以下が示しています。**直前に性質
を表す語がある場合、③判断の根拠だと判断しましょう。**

　続いて④結果と⑤程度です。これらについては、熟語・構文をまずは暗
記しましょう。

👉 **POINT 12** 不定詞の副詞的用法─④結果

不定詞の副詞的用法④結果（→）	意味
grew up to be（職業など）	「成長して～になった」
lived to be（年齢）	「～歳まで生きた」
awoke to find O C	「目覚めると O＝Cだった」
woke up to find O C	
～, only to V …	「～したが、結局…した」
～, never to V …	「～して、二度と…しなかった」

　④結果の用法の熟語が出てきた場合、注意してほしいことがあります。それは「**→（左から右に訳し下す）**」です。英語を美しい日本語に直す際、右から左に訳すと上手くいく場合は多いですが、結果の用法は「→」を意識してください。

👉 **POINT 13** 不定詞の副詞的用法─⑤程度

不定詞の副詞的用法⑤程度	意味
〈形〉/（副）enough to V ～	「～する（のに十分な）ほど…」
enough［名］to V ～	「～する（のに十分な）ほどの…」
so〈形〉/（副）as to V ～	「～するほど…」
too〈形〉/（副）to V ～	「とても…なので～できない」

　最後に⑥条件に関してですが、①〜⑤と比べると重要度はかなり下がります。1つだけ例文を取り扱っておきましょう。

PRACTICE　次の下線部が、不定詞の副詞的用法の①目的　②感情の原因　③判断の根拠　④結果　⑤程度　⑥条件のいずれの用法であるか答えよ。

(<u>To hear</u> her voice), you would think [that she was a pro singer].
　(V)　　　(O)　　　　S　　V　　　　O　　　S'　V'　　C'

　▶⑥条件　「彼女の声を聞けば、プロの歌手だと思うだろう。」

　ここでの To hear のように、不定詞が「〜ならば」という条件を表す意味で使われる場合があります。**これは仮定法で使われることが多く、助動詞の過去形とセットになっている場合が多いです。**

6.（副詞）になる準動詞②（分詞構文）

　では2つ目の（副詞）になる準動詞である（分詞構文）をここから解説します。**分詞構文とは、（従属接続詞 S'V'〜）, S V ….の S' と S が一致するとき、従属接続詞と S' を省略して、V' を Ving にする構文のことです。**この定義を理解し暗記してほしいのですが、このままでは複雑すぎるので、例文を交えて説明していきます。

When I walked in the park, I saw some birds.

▶ (When I walked (in the park)), I saw some birds.
　　　　 s' v'　　　　　　　　　　 s v 　　o

訳 (私が (公園を) 歩いていたとき)、私は数羽の鳥を見た。
　 s'　　　 v'　　　　　　　 s　　 o　　 v

　この英文と訳は確かに成立していますが、くどいと感じませんか？ 「私が公園を歩いていたとき、私は数羽の鳥を見た。」何度も私、私……と言わなくても「公園を歩いていたとき、私は数羽の鳥を見た。」で十分伝わりますよね。このような省略は日本語だけでなく、英語でも起こります。それが分詞構文です。

POINT 14 分詞構文

分詞構文	(従属接続詞 S'V'　〜),SV…. のS'とSが一致するときに (　×　　×Ving 〜),SV…. になる構文のこと

　POINT 14 を見ながら、先程の例文を分詞構文に書き換えてみましょう。

When I walked in the park, I saw some birds.

▶ Walking in the park, I saw some birds.

　注意しなければいけないのが、**従属接続詞節のS'とSが一致していなければS'を省略することはできない**ということです。一致しているなら、S'と同様、**従属接続詞も言わなくてもわかる場合が多いので省略します**。その代わりに、「省略してるよ！」というのが伝わるように**V'をVingにする**わけです。

　もう一度、定義をおさらいします。**分詞構文とは、(従属接続詞S'V'〜),SV….のS'とSが一致するとき、従属接続詞とS'を省略して、V'をVingにする構文のこと**です。ここまでをきちんと理解して、次へ読み進めるようにしてくださいね。

　では次に、この分詞構文の構造処理はどうするのでしょうか。まず自分で考えて、次の **PRACTICE** にトライしてみてください。

PRACTICE　次の英文にSVOC、[名詞]〈形容詞〉(副詞)のチェックをしなさい。

Walking in the park, I saw some birds.

▶ (<u>Walking</u> (in the park)), <u>I</u> <u>saw</u> <u>some birds</u>.
　　　(V)　　　　　　　　　　 S 　V 　　O

　Walking in the park の句が(副詞)のカッコに入るのはなぜでしょうか？　そうです。**分詞構文は、副詞節の従属接続詞が省略された形だから(副詞)**とわかります。これが Ving の形で(副詞)になる準動詞、分詞構文の正体です。

　続いて、分詞構文が長文読解などで出てきた場合の訳し方を説明していきます。Ving が分詞構文だとわかったとき、「省略されている従属接続詞

は何かな？　主語は何かな？」と考える時間が入試本番中にあるとは限りません。そもそもなぜ省略されているかというと、**イチイチ言わなくてもわかるから**です。したがって、分詞構文を訳すときも厳密でなくていい。言ってしまえば、ある程度、意味がとれる訳が出せれば読解においては問題ありません。そしてそれは、ざっくりと POINT 15 のようにパターン化できるのです。

POINT 15　分詞構文の訳の攻略

長文読解における分詞構文の訳の攻略		
【文頭・文中】	(Ving 〜), S V ….	「て / で / が」
	S, (Ving 〜), V ….	
【文末】	S V …, (Ving 〜).	「そして / ながら」

　パターンは2つで、分詞構文が文頭・文中にある場合と文末にある場合で分けられます。**分詞構文が文頭・文中にある場合は、「て・で・が」と訳します。文末だったら、前の文章をいったん区切って「そして・ながら」と訳します。** これで分詞構文の訳の処理は OK です。

最後に応用の形をざっと見て、分詞構文は終わりにしましょう。

☞ POINT 16 分詞構文の形

分詞構文	（従属接続詞 S'V'　〜,) S V …. の S' と S が一致するとき （　×　×Ving 〜,) S V …. になる構文のこと
否定	（　×　×　Not [Never] Ving 〜), S V ….
完了 have + Vpp	（　×　×　Having　Vpp 〜), S V ….
受動 be + Vpp	（　×　×　~~Being~~　Vpp 〜), S V ….
完了＋受動 have + been + Vpp	（　×　×　~~Having been~~ Vpp 〜), S V ….
独立分詞構文 S' と S が異なる分詞構文のこと	（　×　S'　　　Ving 〜), S V ….
（分詞構文） の Ving と Vpp の違い	基本的に分詞構文は Ving で形成されるが、 being や having been が省略される場合、 Vpp だけが残った分詞構文が形成される。

　まず、**否定は、Ving の前に Not や Never を置きます。**

　完了は Having Vpp の形になります。これは**完了形 have + Vpp の have** を **Ving にした形**です。

　受動は Being Vpp の形になります。これは**受動態 be + Vpp の be を Ving にした形**です。

　完了＋受動は Having been Vpp の形になります。これは**完了形と受動態が組み合わさった have been + Vpp の have を Ving にした形**です。

　独立分詞構文は名前が難しいですが、簡単に言うと **S' と S が一致しない分詞構文**のことです。**分詞構文とは、（従属接続詞 S'V'〜), S V ….** の **S' と**

Sが一致するとき、従属接続詞とS'を省略して、V'をVingにする構文のことでしたが、このS'とSが一致しない場合はS'を省略することができません。これをあえて難しく、独立分詞構文と言っているだけです。

　最後に**受動のBeing Vpp、完了＋受動のHaving been Vpp**の形の補足です。これら**受動態と関連する分詞構文は、BeingやHaving been**の部分を省略し、**Vppだけで表現することができます。** **PRACTICE** を見て確認しましょう。

PRACTICE　次の英文にSVOC、[名詞]〈形容詞〉(副詞)のチェックをし、日本語に訳しなさい。また、分詞構文を使用しない元の英文に戻しなさい。

Written in easy English, the book was easy to read.

▸ (Written (in easy English)) , the book was easy (to read).
　　　　　　　　　　　　　　　S　　　V　　C

　((簡単な英語で)書かれていたので)、その本は読みやすかった。
　　　　　　　　　　　　　　　　　S　　　C　　　V

　(Because the book was written (in easy English)) , it [＝the book] was
　　　　　　S'　　　V'　　　　　　　　　　　　　S　　　　　　　　　　V
　easy (to read).
　C

　英語の中で、**文頭がVppで始まる文法項目は分詞か分詞構文の二択です**が、**今回は修飾する名詞がないことから分詞構文と判断できます。** そのためWrittenから(副詞句)のカッコで処理します。

7. 準動詞の意味上の主語

　意味上の主語とは、主節の主語と準動詞の主語が異なるとき、準動詞の

前に置かれる主語のことです。 この定義も理解し暗記してほしいのですが、このままでは複雑すぎるので細かく説明していきます。

PRACTICE 次の下線部のto goの主語は誰か答えよ。

He made money <u>to go</u> to the university.
「彼は大学に行くためにお金を稼いだ。」

▶ He

　これだけ見ると、to go の主語が He になるのは当たり前のように感じるでしょう。これは、**準動詞の主語は基本的に主節の主語と一致する**というルールがあるからです。では、これを「彼は<u>息子が</u>大学に行くために、お金を稼いだ。」としたい場合、どのように表現すればよいでしょうか。

PRACTICE 次の英文を「彼は息子が大学に行くために、お金を稼いだ。」という意味になるように書き換えよ。

He made money to go to the university.

▶ He made money for his son to go to the university.

　この for his son のように、**主節の主語と準動詞の主語が一致しない場合、準動詞の前に置かれる主語のことを意味上の主語**といいます。今回の例題は不定詞で、**不定詞の意味上の主語は基本的に for ～を不定詞の直前に置いて示します。**この意味上の主語は準動詞の種類（不定詞か動名詞か分詞構文か）によって形が変わるので、それを整理して覚えておきましょう。

☞ **POINT 17** 準動詞の意味上の主語

意味上の主語	主節の主語と準動詞の主語が異なる場合に、準動詞の前に置かれる主語のこと
文法項目	意味上の主語の形
不定詞	for 〜
動名詞	所有格・目的格
分詞	×
分詞構文	主格〈独立分詞構文〉

8. Vingの4つの可能性

準動詞でたびたび登場したVingですが、英語全体を見渡したときに4パターンしかありません。ここで整理しておきましょう。

☞ **POINT 18** Vingの4つの可能性

文法項目	形	品詞	文頭
進行形	be＋Ving	V	×
動名詞	Ving	［名詞］	○
分詞	Ving	〈形容詞〉	△
分詞構文	Ving	（副詞）	○

Ving の形を使う文法項目は4つ、**進行形・動名詞・分詞・分詞構文**です。

進行形は Ving の前に必ず be 動詞があり、V として働きます。あとは、今回の準動詞で学んだ動名詞・分詞・分詞構文です。

これらの中で、**文頭にくる可能性があるのは動名詞と分詞と分詞構文ですが、多くの場合は動名詞と分詞構文**です。**文頭の動名詞のカタマリは S になるので、後ろに V がきます**。分詞構文の場合は（副詞）になるので、後ろに主節の SV がきます。

9. Vppの4つの可能性

Vpp もよく出てきましたが、これまた英語全体を見渡したときに4パターンしかありません。これもここでいったん整理しておきましょう。

POINT 19 Vppの4つの可能性

文法項目	形	品詞	文頭
受動	be＋Vpp	V	×
完了	have＋Vpp	V	×
分詞	Vpp	〈形容詞〉	△
分詞構文	Vpp	（副詞）	○

Vpp の形を使う文法項目は4つ、受動態・完了形・分詞・分詞構文です。

受動態は Vpp の前に必ず be 動詞があり、V として働きます。完了形は Vpp の前に必ず have / has / had があり、V として働きます。あとは、今回の準動詞で学んだ分詞・分詞構文です。

これらの中で、**文頭にくる可能性があるのは分詞と分詞構文ですが、多くの場合は分詞構文**です。文頭の Vpp はまず分詞構文を疑い、後ろに主節の SV がくることを予測しましょう。

例 文 演 習 編

テーマ 1 ［不定詞の名詞的用法］と［動名詞］

チェック！

1 準動詞は句となる
2 ［名詞］は「S・O・C・前置詞の O」になる
3 不定詞がどの用法になるかは、名詞→形容詞→副詞の順番で考える

LESSON

次の英文に SVOC、［名詞］〈形容詞〉（副詞）のチェックをし、日本語に訳しなさい。

015 To see is to believe.

訳 ....

016 I like to go to school.

訳 ....

017 Reading books is important.

訳 ....

018 I am good at playing tennis.

訳 ....

015 [To see] is [to believe].
　　 S　(V)　　V　C　　(V)
直訳 ［見ること］は［信じること］だ。
　　 S (V)　　　　C (V)　　　V
意訳 百聞は一見にしかず。

※ Seeing is believing. と動名詞で表現するほうが適切と言われている。

see、is、believe どれも V として機能しそうですが、今回の主節の V は is。その前の To see は S となるため、［名詞］と判断できます。to believe は C で［名詞］と判断します。

　不定詞は［名詞］/〈形容詞〉/（副詞）の全ての品詞を形成することができるので、文の中でどの品詞になっているかを常に考えましょう。

016 I like [to go (to school)].
　　 S　V　　(V)
訳 私は［（学校に）行くこと］が好きだ。
　　 S　 O　　　　　(V)　　　　V

　I が S、like が V。like は「何をやねん！」とツッコめる他動詞なので、後ろの不定詞以下が O となります。O になれる品詞は［名詞］だけなので、不定詞 to go 以下は［名詞句］となります。

017 [Reading books] is important.
　　　　(V)　　(O)　　　V　　C
訳 ［本を読むこと］は重要だ。
　　 S (O)　(V)　　　　C　V

　今回の主節の V は is なので、その前の Reading books が S だと判断で

きます。S になれる品詞は［名詞］のみなので、今回の Reading は動名詞
だとわかります。

───構 造 解 説───

018 I am good at ［playing tennis］.
　　　S　　V　　　　O　　(V)　　　(O)

　訳 私は［テニスをすること］が得意だ。
　　　　S　　O　　(O)　　(V)　　　V

am good at は「～が得意である」という熟語になっているので、1つの
V として考え、まとめて V としましょう。前置詞の後ろにくる品詞は［名
詞］なので、playing tennis は［名詞句］を形成する動名詞であると判断
できます。

テーマ2 〈不定詞の形容詞的用法〉と〈分詞〉

チェック！

1 不定詞がどの用法になるかは、名詞→形容詞→副詞の順番で考える
2 〈形容詞〉は C になる、または［名詞］を修飾する
3 本物の V を見分ける

LESSON

次の英文に SVOC、［名詞］〈形容詞〉（副詞）のチェックをし、日本語
に訳しなさい。

019 I know the way to master English.

　訳 ....

020 The baby sleeping in the bed is cute.

　　訳 ....

021 The boy called Yuki called the girl.

　　訳 ....

　構造解説

019 I know the way ⟨to master English⟩.
　　　S　V　　O　　　（V）　　（O）
　訳 私は〈英語を習得する〉方法を知っている。
　　　S　（O）　　（V）　　O　　V

　I が S、know が V です。know「知っている」は「何をやねん！」とツッコめるので他動詞。後ろの the way は O となります。to master 以下「英語を習得する」は［名詞］である the way にかかっているので、品詞は〈形容詞〉だとわかります。

　構造解説

020 The baby ⟨sleeping (in the bed)⟩ is cute.
　　　　S　　　　　（V）　　　　　　　V　C
　訳 〈（ベッドで）眠っている〉赤ちゃんがかわいい。
　　　　　（V）　　　　S　　C　V

　The baby が S。続いて sleeping ですが、これが V になることはありえません。なぜなら、**Ving の形で V になるのは be ＋ Ving の進行形のみ**で、今回の sleeping の前に be 動詞が存在しないからです。後ろを見ると主節の動詞 is が見つかります。となると sleeping in the bed「ベッドで眠っている」は準動詞のカタマリ。今回は The baby［名詞］を修飾しているので

〈形容詞〉だとわかり、この sleeping は分詞だと判断できるわけです。

構造解説

021 The boy 〈called Yuki〉 called the girl.
　　　　S　　　(v)　　(c)　　　V　　O　V

訳 〈ユウキと呼ばれている〉少年がその少女に電話した。
　　　(c)　　　　　(v)　　　　　　S　　　　O　　V

　The boy が S、called が V、called は「呼んだ」で「何をやねん!」と
ツッコめるので Yuki が O…。あれ?　2つ目の called は何だ??　この思考
プロセスは決して間違っていません。ただし、おかしいなと思ったらそこ
で修正が必要です。

　1つ目の called を V としたときに、2つ目の called の説明がつかなくな
るので、2つ目の called を V と考えてみましょう。そうすると、called Yuki
は V っぽく見えるけど V にならない準動詞。今回は The boy を修飾する分
詞です。The boy を修飾するなら、今回の Yuki は「ユキちゃん」ではなく
「ユウキくん」と考えたほうが良さそうですね。2つ目の called が主節の
V、the girl が O と考えて3文型となります。

テーマ 3 （不定詞の副詞的用法）①目的②感情の原因③判断の根拠

チェック！

1 不定詞がどの用法になるかは、名詞→形容詞→副詞の順番で考える
2 不定詞が副詞の場合は①目的を考え、②〜⑥はそれぞれの用法を表す語があるかで考える
3 不定詞の直前に感情や性質を表す語がないかを確認する

LESSON

次の英文に SVOC、［名詞］〈形容詞〉（副詞）のチェックをし、日本語に訳しなさい。

022 He came here to see Yuki.

訳 ....

023 I was surprised to hear the news.

訳 ....

024 You were careless to leave your smartphone on the train.

訳 ....

構造解説

022 He came (here) (to see Yuki).
　　　 S　V　　　(V)　　(O)
訳 彼は （ユキに会うために）（ここに）来た。
　　 S　　　 (O)　(V)　　　　　　　　V

　He が S、came が V、here は「ここに」という意味なので（副詞）。to see 以下は［名詞］にも〈形容詞〉にもならないので（副詞）。不定詞が副

詞的用法だとわかった場合は、 **POINT 11** の①目的を考え、②～⑥はそれ
ぞれの用法を表す語があるかどうかで考えます。今回は①目的「～ために」
が適切だとわかります。

┌─ 構 造 解 説 ─────────────────────
│
│ **023** I was surprised (to hear the news).
│   S   V   (V)   (O)
│   訳 私は（そのニュースを聞いて）驚いた。
│   S   (O)   (V)   V
│
└──────────────────────────────

I が S で、was surprised が V、to hear 以下は［名詞］にも〈形容詞〉に
もならないので（副詞）。今回は①目的ではおかしく、「驚いた」という**感
情を表す表現が不定詞の直前にあるため、②感情の原因とわかります。**「驚
いた」その理由は「そのニュースを聞いて」ですね。

┌─ 構 造 解 説 ─────────────────────
│
│ **024** You were careless (to leave your smartphone (on
│   S   V   C   (V)   (O)
│   the train)).
│
│   訳 ((電車内に) スマホを置いてくるなんて)、あなたは不注意だ。
│   (O)   (V)   S   C   V
│
└──────────────────────────────

You が S、were が V、careless が C。ここまでで2文型が成立したので、
to leave 以下は文の要素になる［名詞］ではない。前に修飾できるような
名詞もないので、〈形容詞〉にもならない。そのため（副詞）とわかりま
す。今回は①目的ではおかしく、「不注意だ」という**性質を表す表現が不定
詞の直前にあるため、③判断の根拠とわかります。**「不注意だ」と判断した
根拠が「スマホを電車に置いてきた」と不定詞以下で述べられているわけ
です。

テーマ4 （不定詞の副詞的用法）④結果⑤程度⑥条件

チェック!

1 不定詞がどの用法になるかは、名詞→形容詞→副詞の順番で考える
2 不定詞の副詞的用法は①目的を考え、②〜⑥はそれぞれの用法を表す語があるかで考える
3 ④結果は「→」、⑤程度は熟語で暗記、⑥条件は助動詞の過去形に注目

LESSON

次の英文に SVOC、［名詞］〈形容詞〉（副詞）のチェックをし、日本語に訳しなさい。

025 He grew up to be a painter.

訳 ....

026 She lived to be eighty years old.

訳 ....

027 She awoke to find herself in a hospital.

訳 ....

028 She hurried to the station, only to miss the train.

訳 ....

029 He left his country, never to return.

訳 ....

030 He is too young to solve the problem.

訳 ....

031 To hear his English speech, people would take him for an American. 　※ take O for C＝「O を C と思い込む・間違える」

訳 ....

構造解説

025 He grew up (to be a painter).
S 　　 V 　　　 (V) 　　　 (C)
訳 彼は成長して（画家になった）。
　 S 　　 V 　　 (C) 　　 (V)

026 She lived (to be eighty years old).
S 　 V 　　 (V) 　　　 (C)
訳 彼女は（80歳になるまで）生きた。
　 S 　　 (C) 　 (V) 　 V

027 She awoke (to find herself (in a hospital)).
S 　 V 　　 (V) 　 (O) 　　　　
訳 彼女は目覚めて（自分自身が（病院にいる）と気づいた）。
　 S 　　 V 　　　 (O) 　　　　　　 (V)

028 She hurried (to the station), (only to miss the train).
S 　　 V 　　　　　　　　 (V) 　　 (O)
訳 彼女は（駅へ）急いだが、（結局電車に乗り遅れてしまった）。
　 S 　　　 V 　　　　　 (O) 　　 (V)

029 He left his country, (never to return).
S 　 V 　 his country, (never to return).
　　 S 　 V 　　　　　　　 (V)
訳 彼は自分の国を去ったが、（二度と戻って来なかった）。
　 S 　 O 　　 V 　　　　　 (V)

不定詞の副詞的用法（ POINT 11 ）の④結果は熟語で暗記。重要なのは**④結果だとわかった場合は「→（左から右に訳し下す）」**ことです。例えば **025** は「画家になるために成長した」と①目的の訳にはなりません。grew up to be は POINT 12 で学んだ④結果。それに気づけば、「成長して、（その結果）画家となった」と左から右に訳せるはずです。**027** ～ **029** も同じ。④結果だとわかった場合は「→（左から右に訳し下す）」を意識。

構 造 解 説

030 He is too young (to solve the problem).
　　　　S　V　　　C　　　　(v)　　　(o)
　　訳 彼は若すぎて（その問題を解決できない）。
　　　　S　　C　　V　　　　(o)　　　　(v)

　He が S、is が V、young が C。too ～ to V の形なので、今回は⑤程度を示す不定詞の副詞的用法となり、不定詞以下を（副詞句）で囲みます。⑤程度も POINT 13 の表を確認し、覚えましょう。

構 造 解 説

031 (To hear his English speech), people would take him
　　　　(v)　　　　　　(o)　　　　　S　　　V　　　 O
for an American.
　　　C
　　訳 （彼の英語のスピーチを聞けば）、人々は彼をアメリカ人だと
　　　　　　(o)　　　　　　　(v)　　　S　　O
　　　思うだろう。
　　　　V

---

　people would take him for an American で主節が完成しており、To hear his English speech が（副詞句）であることがわかります。後ろの助動詞の過去形（would）に着目し、⑥条件だと判断します。

　この形は仮定法と併用されることが多く、今回の文も would から仮定法と判断できるのですが、その内容は **Chapter 3** で詳しく取り扱います。

_{テーマ}5 （分詞構文）

1 分詞構文とは、（従属接続詞 S'V'～), S V ….. の S' と S が一致すると
き、従属接続詞と S' を省略して、V' を Ving にする構文のこと
2 Ving は［動名詞］→〈分詞〉→（分詞構文）の順番で考える
3 文頭・文中の分詞構文は「て・で・が」、文末は「そして・ながら」と
訳す

LESSON

次の英文に SVOC、［名詞］〈形容詞〉（副詞）のチェックをし、日本語
に訳しなさい。

032 When I walked along the street, I met Yuki.

訳 ....

033 Walking along the street, I met Yuki.

訳 ....

034 Not knowing what to do, I did nothing.

訳 ....

035 Having a cold, I played soccer.

訳 ....

036 Yuki, smiling at him, walked away.

訳 ....

037 The train leaves here at six, arriving in Tokyo at ten.

訳 ....

038 When it is seen from the sky, the city is beautiful.

訳 ....

039 Seen from the sky, the city is beautiful.

訳 ....

構 造 解 説

032 (When I walked (along the street)), I met Yuki.
　　　 S'　　 V'　　　　　　　　　　　　S V O

訳 ((通りを) 歩いていたとき)、私はユキに会った。
　 V'　　　　　　　　　　S　O　 V

033 (Walking (along the street)), I met Yuki.
　　　 (V)　　　　　　　　　　 S V O

訳 ((通りを) 歩いていて)、私はユキに会った。
　 (V)　　　　　　 S　O　 V

032 を分詞構文で表現したのが **033** です。順番で出てきたので、**033** の
Walking は分詞構文だとすぐに気づけたかもしれませんが、**準動詞の Ving
が出てきたら、[動名詞] → 〈分詞〉 → (分詞構文) の順番に確認していき
ましょう**。[動名詞] で主語だと考えてしまうと、I 以降の説明がつきませ
ん。〈分詞〉で考えても修飾する名詞が見当たりません。そのため、(分詞
構文) と決定できます。

　**分詞構文は文頭・文中で使われていたら「て・で・が」、文末で使われて
いたら「そして・ながら」と訳す**ので、今回は「歩いてい<u>て</u>」で OK です。

┌ 構 造 解 説 ─────────────────────

034 (Not knowing [what to do]), I did nothing.
　　　　　　　　(V)　　　　(O)　　((V))　　 S　 V　　O

　訳 ([何をすべきか] わからなくて)、私は何もしなかった。
　　　　(O)　　　((V))　　　　(V)　　　　　S　 O　　　V

└──────────────────────────────────

　否定の分詞構文を作る場合、Ving の直前に not もしくは never を置きます。動名詞でも分詞でもないことを確認して、knowing を分詞構文だと判断します。knowing が（V）、「何をやねん！」とツッコめるので、後ろの what to do は（O）「何をすべきか」ですね。

　分詞構文は文頭・文中で使われていたら「て・で・が」、文末で使われていたら「そして・ながら」と訳すので、今回は「わからなく<u>て</u>」で OK です。

┌ 構 造 解 説 ─────────────────────

035 (Having a cold), I played soccer.
　　　　(V)　　(O)　　 S　　 V　　　O

　訳 (風邪をひいていたが)、私はサッカーをした。
　　　　(O)　　　　(V)　　　S　　 O　　 V

036 Yuki, (smiling (at him)), walked (away).
　　　　 S　　　(V)　　　　　　 V

　訳 ユキは ((彼に) 微笑みかけて) 歩き去った。
　　　　 S　　　　　　(V)　　　　　　 V

037 The train leaves (here) (at six), (arriving (in Tokyo)
　　　　　 S　　　 V　　　　　　　　　　(V)
(at ten)).

　訳 その電車は (ここを) (6時に) 出発し、(そして (10時に) (東
　　　 S　　　　　　　　　　　　V
　　　京に) 着く)。
　　　　　　　　(V)

└──────────────────────────────────

　訳に着目しながら、3つの例文を見ていきます。**035** が文頭、**036** が文

中、 **037** が文末の分詞構文です。**分詞構文は文頭・文中で使われていたら「て・で・が」、文末で使われていたら「そして・ながら」と訳します。**

035 は一度前から訳し、「風邪をひいていて、私はサッカーをした。」としてみると、前後が合わないことに気づきます。おかしいなと気づいたら「が」を入れてみてください。「ひいていたが」だと文意が通りますね。

036 はコンマで挟まれた文中の Ving です。コンマで挟まれた smiling at him を（副詞カッコ）で囲みましょう。文中なので、「て」と訳してうまくいきます。

037 は文末の分詞構文の形です。仮に単語をつないで、後ろから訳し上げたとしても、美しい訳になりません。**文末の分詞構文は「そして・ながら」を入れて訳し下しましょう。**

構造解説

038 (When it is seen (from the sky)), the city is beautiful.

訳 （それが（空から）見られるとき）、その都市は美しい。

意訳 （（空から）見ると）、その都市は美しい。

039 (Seen (from the sky)), the city is beautiful.

訳 （（空から）見て）、その都市は美しい。

意訳 （（空から）見ると）、その都市は美しい。

---

038 を分詞構文で表現したのが **039** です。受動態の分詞構文なので、being が省略され Vpp（Seen）から始まっています。文頭が Vpp から始まる文法項目は分詞と分詞構文ですが、今回は修飾する名詞がなさそうなので分詞構文と判断します。文頭からすぐに（副詞カッコ）を始め、sky までカッコに入れます。あとは文頭の分詞構文なので、「て・で・が」の訳のどれかになります。今回は「て」で訳せば文意が取れますね。

準動詞の意味上の主語
テーマ 6

チェック！

1 意味上の主語とは、主節の主語と準動詞の主語が異なるとき、準動詞の前に置かれる主語のこと
2 不定詞の意味上の主語の形は for 〜
3 動名詞の意味上の主語の形は所有格・目的格

LESSON

次の英文に SVOC、[名詞]〈形容詞〉（副詞）のチェックをし、日本語に訳しなさい。

040 I did my best for them to win the game.

訳 ....

041 His coming surprised me.

訳 ....

042 I'm proud of his being a doctor.

訳 ....

043 I'm proud of my father's being a doctor.

訳 ....

044 It being Sunday, the shop was closed.

訳 ....

040 I did my best (for them to win the game).

S V 意S (V) (O)

訳 私は（彼らが試合に勝つために）最善を尽くした。

S 意S (O) (V) O V

I が S、did が V、my best が O。for them は不定詞（to win）の意味上の主語ですから、for 〜から to win のカタマリだと考えます。to win からは不定詞の副詞的用法①目的なので、for から（副詞）のカッコを始め、文末までとなります。

041 [His coming] surprised me.

S 意S (V) V O

直訳 [彼が来たこと] が私を驚かせた。

S 意S (V) O V

意訳 彼が来て、私は驚いた。

042 I'm proud of [his being a doctor].

S V O 意S (V) (C)

訳 私は [彼が医者であること] を誇りに思う。

S O 意S (C) (V) V

043 I'm proud of [my father's being a doctor].

S V O 意S (V) (C)

訳 私は [自分の父が医者であること] を誇りに思う。

S O 意S (C) (V) V

041 は coming か surprised が V ですが、Ving の形で V になれるのは前に be 動詞が付いたときだけ（進行形）なので、surprised が V とわかります。となると、His coming が S なので、[名詞] のカタマリ。つまり、coming が動名詞だと判断できます。動名詞の意味上の主語は所有格・目

的格で示されるので、His が意味上の主語とわかります。

042 は I が S、am proud of は群動詞と言われるもので、カタマリで V と処理します。前置詞 of の後ろは［名詞］なので、being を動名詞と判断し、「私が誇りに思っていること＝彼が医者であること」なので、his being a doctor のカタマリが目的語になっているとわかります。his は所有格で動名詞 being の意味上の主語を示しています。

043 は **042** の意味上の主語を示す部分が my father's に変わっただけです。

構造解説

> **044** (It being Sunday), the shop was closed.
> 意S　(V)　　(C)　　　S　　V　　C
> 訳 （日曜日で）、その店は閉まっていた。
> 　　(C)　　　S　　C　V

どれが主節の SV か？　を考えていきます。being の前に be 動詞がないため進行形ではありません。そのため being は主節の V にはならないと判断し、準動詞として考えます。ここで、the shop was が主節の SV だとわかり、It being Sunday が文の要素にならない（副詞句）だと判断できます。Ving が（副詞句）となるのは分詞構文のみなので、being は分詞構文と判断できます。

これはもともと Because it was Sunday, the shop was closed.「日曜日なので、その店は閉まっていた。」という文章だったと考えられます。これを分詞構文に直そうとすると、Because は省略できますが、Because 節の主語の it と主節の主語の the shop が一致しないため、it は省略できず残ったままになったんですね。このように、分詞構文の意味上の主語は主格で示されます（これが独立分詞構文）。

要点整理

✓ ⑨ 準動詞の種類と形

準動詞	Vを使用しているものの、Vにならないもの			
文法項目	形	[名詞]	〈形容詞〉	(副詞)
不定詞	to V	○	○	○
動名詞	Ving	○		
分詞	Ving/Vpp		○	
分詞構文	Ving/Vpp			○

※本書では動詞の原形を V と表記し、ing 形を Ving、過去分詞形を Vpp と
表現します。

✓ ⑩ 分詞の Ving と Vpp の違い

分詞	修飾される [名詞] と 修飾する〈分詞〉の関係を見る	
Ving	能動関係	「[名詞]が○○する」
Vpp	受動関係	「[名詞]が○○される」
	完了関係	「[名詞]が○○してしまった」

✓11 不定詞の副詞的用法の種類

不定詞の副詞的用法					
①	目的	②	感情の原因	③	判断の根拠
④	結果	⑤	程度	⑥	条件

✓12 不定詞の副詞的用法─④結果

不定詞の副詞的用法④結果（→）	意味
grew up to be（職業など）	「成長して〜になった」
lived to be（年齢）	「〜歳まで生きた」
awoke to find O C	「目覚めると O＝C だった」
woke up to find O C	
〜, only to V …	「〜したが、結局…した」
〜, never to V …	「〜して、二度と…しなかった」

✓13 不定詞の副詞的用法─⑤程度

不定詞の副詞的用法⑤程度	意味
〈形〉/（副）enough to V 〜	「〜する（のに十分な）ほど…」
enough［名］to V	「〜する（のに十分な）ほどの…」
so〈形〉/（副）as to V 〜	「〜するほど…」
too〈形〉/（副）to V 〜	「とても…なので〜できない」

✓14 分詞構文

分詞構文	（従属接続詞 S'V'　～,）S V …. のS'とSが一致するときに （　　×　　× Ving ～,）S V …. になる構文のこと

✓15 分詞構文の訳の攻略

長文読解における分詞構文の訳の攻略		
【文頭・文中】	（Ving ～), S V ….	「て / で / が」
	S, (Ving ～), V ….	
【文末】	S V …, (Ving ～).	「そして / ながら」

✓16 分詞構文の形

分詞構文	（従属接続詞 S'V'　～,）S V …. のS'とSが一致するとき （　　×　　× Ving ～,）S V …. になる構文のこと
否定	（　　×　　×　　　Not［Never］Ving ～,）S V ….
完了 have＋Vpp	（　　×　　×　　　Having　　Vpp ～,）S V ….
受動 be＋Vpp	（　　×　　×　　　~~Being~~　　Vpp ～,）S V ….
完了＋受動 have＋been＋Vpp	（　　×　　×　　　~~Having been~~ Vpp ～,）S V ….
独立分詞構文 S'とSが異なる分詞構文のこと	（　　×　　S'　　　　　　Ving ～,）S V ….
（分詞構文） のVingとVppの違い	基本的に分詞構文はVingで形成されるが、 beingやhaving beenが省略される場合、 Vppだけが残った分詞構文が形成される。

✓⒘ 準動詞の意味上の主語

意味上の主語	主節の主語と準動詞の主語が異なる場合に、準動詞の前に置かれる主語のこと
文法項目	**意味上の主語の形**
不定詞	for 〜
動名詞	所有格・目的格
分詞	×
分詞構文	主格（独立分詞構文）

✓⒙ Vingの4つの可能性

文法項目	形	品詞	文頭
進行形	be＋Ving	V	×
動名詞	Ving	［名詞］	○
分詞	Ving	〈形容詞〉	△
分詞構文	Ving	（副詞）	○

✓⒚ Vppの4つの可能性

文法項目	形	品詞	文頭
受動	be＋Vpp	V	×
完了	have＋Vpp	V	×
分詞	Vpp	〈形容詞〉	△
分詞構文	Vpp	（副詞）	○

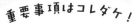

01 準動詞とは？

Vを使用しているものの、Vにならないもの

02 準動詞に分類される文法項目4つは？

不定詞 / 動名詞 / 分詞 / 分詞構文

03 不定詞のカタチは？

to V

04 動名詞のカタチは？

Ving

05 分詞のカタチは？

Ving / Vpp

06 分詞構文のカタチは？

Ving / Vpp

07 不定詞は［名詞］〈形容詞〉（副詞）のどれになる？

全部

08 動名詞は［名詞］〈形容詞〉（副詞）のどれになる？

［名詞］

09 分詞は［名詞］〈形容詞〉（副詞）のどれになる？

〈形容詞〉

10 分詞構文は［名詞］〈形容詞〉（副詞）のどれになる？

（副詞）

11 不定詞の副詞的用法の6パターンは？

目的 / 感情の原因 / 判断の根拠 / 結果 / 程度 / 条件

⑫ 分詞のVingとVppの違いは？

修飾される［名詞］と修飾する〈分詞〉の関係が能動関係ならVing、受動/完了関係ならVpp

⑬ 分詞構文はどのような構文か？

（従属接続詞 S'V'〜），S V ….のS'とSが一致するとき、従属接続詞とS'を省略して、V'をVingにする構文のこと

⑭ 分詞構文のVingとVppの違いは？

基本的に分詞構文はVingで形成されるが、Being, Having beenが省略された場合、Vppだけが残った分詞構文が形成される

⑮ 分詞構文が文頭か文中にある場合の訳は？

て / で / が

⑯ 分詞構文が文末にある場合の訳は？

そして / ながら

⑰ 意味上の主語とは？

主節の主語と準動詞の主語が異なる場合に、準動詞の前に置かれる主語のこと

⑱ 不定詞の意味上の主語のカタチは？

for 〜

⑲ 動名詞の意味上の主語のカタチは？

所有格 / 目的格

⑳ 分詞構文の意味上の主語のカタチは？

主格

㉑ Vingの4つの可能性は？

進行形 / ［動名詞］/〈分詞〉/（分詞構文）

㉒ Vppの4つの可能性は？

受動 / 完了 /〈分詞〉/（分詞構文）

基本練習

1 次の英文に SVOC、［名詞］〈形容詞〉（副詞）のチェックをし、日本語に訳し、日本語にも SVOC を振りなさい。（2点×30問＝60点）

(1) To see is to believe.

訳 ....

(2) I like to go to school.

訳 ....

(3) Reading books is important.

訳 ....

(4) I am good at playing tennis.

訳 ....

(5) I know the way to master English.

訳 ....

(6) The baby sleeping in the bed is cute.

訳 ....

(7) The boy called Yuki called the girl.

訳 ....

(8) He came here to see Yuki.

訳 ....

(9) I was surprised to hear the news.

訳 ....

(10) You were careless to leave your smartphone on the train.

訳 ....

(11) He grew up to be a painter.

訳 ....

(12) She lived to be eighty years old.

訳 ....

(13) She awoke to find herself in a hospital.

訳 ....

(14) She hurried to the station, only to miss the train.

訳 ....

(15) He left his country, never to return.

訳 ....

(16) He is too young to solve the problem.

訳 ....

(17) To hear his English speech, people would take him for an American.

訳 ....

(18) When I walked along the street, I met Yuki.

訳 ....

(19) Walking along the street, I met Yuki.

訳 ....

(20) Not knowing what to do, I did nothing.

訳 ....

(21) Having a cold, I played soccer.

訳 ....

(22) Yuki, smiling at him, walked away.

訳 ....

(23) The train leaves here at six, arriving in Tokyo at ten.

訳 ....

(24) When it is seen from the sky, the city is beautiful.

訳 ....

(25) Seen from the sky, the city is beautiful.

訳 ....

(26) I did my best for them to win the game.

訳 ....

(27) His coming surprised me.

訳 ....

(28) I'm proud of his being a doctor.

訳 ....

(29) I'm proud of my father's being a doctor.

訳 ....

(30) It being Sunday, the shop was closed.

訳 ....

2 次の英文について後の問に答えよ。(2 点 × 20 問 =40 点)

(1) He began to study harder to achieve his dream of becoming a doctor.

　　1. to study ～は名詞句・形容詞句・副詞句のどれか。

句 ....

2.　to achieve〜は名詞句・形容詞句・副詞句のどれか。

句

(2) She studied all night for the test, only to forget everything
when she saw the paper.　　　　　※ paper＝「問題用紙」

この文を訳せ。

訳

(3) Sitting without doing anything for a while is wasting
time.　　　　　　　　　　　　　　※ waste＝「〜を浪費する」

1.　Sitting は進行形・動名詞・分詞・分詞構文のどれか。

2.　doing は進行形・動名詞・分詞・分詞構文のどれか。

3.　wasting は進行形・動名詞・分詞・分詞構文のどれか。

(4) She plans to travel to France to learn about its culture.

1.　to learn〜は名詞句・形容詞句・副詞句のどれか。

句

2.　この例文に不定詞はいくつあるか。

つ

(5) He found an enriching book for his child to read.

※ enrich =「～を豊かにする」

   1. enriching は進行形・動名詞・分詞・分詞構文のどれか。

   2. for ～ read は名詞句・形容詞句・副詞句のどれか。

句

(6) By practicing every day, she is improving her piano skills.

※ improve =「～を上達させる」

   1. practicing は進行形・動名詞・分詞・分詞構文のどれか。

   2. improving は進行形・動名詞・分詞・分詞構文のどれか。

(7) There are many people waiting in line to buy the concert tickets.

   1. waiting は進行形・動名詞・分詞・分詞構文のどれか。

   2. to buy～は名詞句・形容詞句・副詞句のどれか。

句

(8) Feeling tired, she decided to take a short nap before continuing her studies.※ nap =「昼寝」 continue =「～を再開する」

　1．Feeling は進行形・動名詞・分詞・分詞構文のどれか。

　　　　　　　　　　　　　　　　　　　　　　　　.................................

　2．continuing は進行形・動名詞・分詞・分詞構文のどれか。

　　　　　　　　　　　　　　　　　　　　　　　　.................................

(9) She was fascinated by the paintings displayed in the museum.　　　　　　　※ fascinate =「～を魅了する」

　1．fascinated は受動態・完了形・分詞・分詞構文のどれか。

　　　　　　　　　　　　　　　　　　　　　　　　.................................

　2．displayed は受動態・完了形・分詞・分詞構文のどれか。

　　　　　　　　　　　　　　　　　　　　　　　　.................................

(10) Inspired by her teacher, she decided to pursue a career in science.　　　※ inspire =「～を触発する」 pursue =「～を追求する」

　1．Inspired は受動態・完了形・分詞・分詞構文のどれか。

　　　　　　　　　　　　　　　　　　　　　　　　.................................

　2．to pursue ～は名詞句・形容詞句・副詞句のどれか。

　　　　　　　　　　　　　　　　　　　　　　　　句
　　　　　　　　　　　　　　　　　　　　　　　　.................................

SCORE

／100点

節の攻略
接続詞・疑問詞

Mastering clauses
conjunctions and interrogatives

講師　八澤龍之介

授業動画へアクセス

重 要 知 識 編

1. 節の整理

　節とは **SV を含むカタマリ**のことでした。 **Chapter 3** と **Chapter 4** では、この節を攻略していきます。

　節も句と同様、[名詞節]〈形容詞節〉(副詞節) に分けられます。 **Chapter 3** では接続詞や疑問詞を、 **Chapter 4** では関係詞を取り扱います。

2. 疑問詞節は [名詞節]

　what、who、which のような単語を疑問詞といいます。**疑問詞は疑問文を作らないときは [名詞節] を作ります**。そのポイントだけ押さえて、あとは訳を覚えておけば OK です。

POINT 20 疑問詞

疑問詞は疑問文を作らないとき［名詞節］を作る	
疑問詞一覧	意味
what	「何が［を］〜か」
who	「誰が［を］〜か」
whose	「誰の〜か」
which	「どれが［を］〜か」
where	「どこで〜か」
when	「いつ〜か」
why	「なぜ〜か」
how	「どのように〜か」

3. that 節は3パターン

　まずはメインである that 節を見ていきます。**that 節は［名詞節］〈形容詞節〉（副詞節）全ての節を形成する**ことができます。そのため、that 節が出てきたときに、どの品詞になるかを区別する必要があります。

　that 節が［名詞節］になるのは、「S・O・C・前置詞の O」のときです。

　that 節が〈形容詞節〉になるのは、前にある名詞を修飾するときです。

that 節が（副詞節）になるのは、①前に感情・判断がある、② so［such］that 構文の2パターンです。

　ここから、that 節を［名詞］〈形容詞〉（副詞）の品詞ごとに分けて、細かく解説していきます。

POINT 21　that 節の識別

that節が［名詞節］か〈形容詞節〉か（副詞節）か		
［that S' V' 〜］	S・O・C・前置詞のO ※前置詞のOになるのはin that S' V' 〜「〜という点で」とexcept that S' V' 〜「〜という点を除いて」の2パターンのみ	
〈that S' V' 〜〉	同格	前に抽象名詞があり、完全文 「〜という」と訳す
	関係代名詞	不完全文 「〜という」と訳さない
（that S' V' 〜）	①前に感情・判断が書かれている ②so［such］… that S' V' 〜またはso that S' V' 〜構文	

4. that節が［名詞節］

　POINT 21 を参照しながら、読み進めてください。that 節が［名詞節］になるのは、「S・O・C・前置詞の O」のときです。

> **PRACTICE** 次の英文にSVOC、[名詞]〈形容詞〉(副詞)のチェックをし、日本語に訳しなさい。

❶ That he can swim fast surprised everyone.

▶ [That he can swim (fast)] surprised everyone.
　　S　 S'　 V'　　　　　　　 V　　 O

　🔲 [彼が(速く)泳げること]は皆を驚かせた。
　　　 S　 S'　　　 V'　　　　O　　　 V

❷ I think that he is a good friend.

▶ I think [that he is a good friend].
　S　V　O　 S'　V'　　C'

　🔲 私は[彼が良い友達だ]と思う。
　　　S　O　S'　　C'　　V'　　V

❸ The rule is that we must be quiet.

▶ The rule is [that we must be quiet].
　　 S　　V　C　 S'　　V'　　C'

　🔲 ルールは[私たちが静かにしなければならないということ]だ。
　　　S　　C　S'　　　C'　　　　　　　　V'　　　　　　　V

　これらの例文のように、[名詞節]となる that は S・O・C の箇所で使われます。ちなみに、**前置詞の O になるのは in that S'V'～「～という点で」と except that S'V'～「～という点を除いて」の2パターンのみ**です。

5. that節が〈形容詞節〉

　ここも **POINT 21** を参照しながら、読み進めてください。**that 節が〈形容詞節〉になるのは、前にある名詞を修飾するとき**です。必ず「名詞＋that ～」の形になり、カッコの終わりがどこまでかを考えなくてはなりません。以下の2つの例文を見てください。

PRACTICE	次の英文にSVOC、[名詞]〈形容詞〉（副詞）のチェックをし、日本語に訳しなさい。

❶ Please tell me the fact that you discovered.

▸ Please tell me the fact 〈that you discovered〉.
  ‎ ‎ ‎ ‎ ‎ v ‎ ‎ ‎ ‎ ‎ o ‎ ‎ ‎ o ‎ ‎ ‎ ‎ ‎ ‎ ‎ ‎ ‎ ‎ ‎ ‎ s' ‎ ‎ ‎ ‎ v'

訳〈あなたが発見した〉事実を私に教えてください。
  ‎ ‎ ‎ ‎ s' ‎ ‎ ‎ ‎ ‎ v' ‎ ‎ ‎ ‎ ‎ ‎ o ‎ ‎ ‎ o ‎ ‎ ‎ ‎ v

❷ The fact that you discovered it is important.

▸ The fact 〈that you discovered it〉 is important.
  ‎ s ‎ ‎ ‎ ‎ ‎ ‎ ‎ ‎ ‎ ‎ s' ‎ ‎ ‎ ‎ v' ‎ ‎ ‎ ‎ o' ‎ v ‎ ‎ c

訳〈あなたがそれを見つけたという〉事実が重要だ。
  ‎ ‎ s' ‎ ‎ ‎ ‎ ‎ o' ‎ ‎ ‎ ‎ ‎ ‎ v' ‎ ‎ ‎ ‎ ‎ ‎ ‎ ‎ ‎ ‎ ‎ s ‎ ‎ c ‎ ‎ v

　この2つの例文、すぐに解釈ができたでしょうか。特に❷の例文は it is important で SVC と考えると文構造がおかしくなります。順を追って説明します。

　まず、この❶の例文の that は関係代名詞の that であり、❷の例文の that は同格を表す接続詞の that です。僕たちはこれらを見分けなければなりません。なぜなら、訳が異なるからです。**関係代名詞の that は訳に反映されませんが、同格を表す that の場合は「～という」などと訳さなければなりません。**

　では、どのように見分けるのか。それは、**that 節中の名詞が抜けているか抜けていないかで見分けます。that 節中の名詞が抜けている場合は関係代名詞となり、that 節中の名詞が抜けていない場合は同格**となります。

　❶の例文を見ると、discover「～を発見する」は「何をやねん！」とツッコめるので他動詞です。他動詞は後ろに O があるはずの動詞。それなのに O がありません。O になれる品詞は名詞ですから、**名詞が抜けている**ということ。だから、**この that は関係代名詞**だと判断できます。

❷の例文はどうでしょう。The fact が一番初めに出てきた名詞なので S となります。その後、that から〈形容詞〉のカッコを始めますが、discovered の直後でカッコを閉じてしまうと it is important が SVC となり、全体で SSVC という構造になってしまいます。ここでおかしいことに気づいて、that you discovered it がカタマリだと考えることができれば、全体の SVC という構造を捉えることができます。今回、**that 節中の名詞が抜けていないので、この that は同格だ**と判断できます。

このように、that が関係代名詞か同格を表すものかは節中の名詞が抜けているかどうかで判断します。ちなみに、**名詞が抜けていない文を完全文**といい、**名詞が抜けている文を不完全文**といいます。

☞ POINT 22 完全文と不完全文

完全文	節中で<u>名詞が抜けていない</u>
不完全文	節中で<u>名詞が抜けている</u>

また、**同格を表す that の前の名詞は「抽象名詞」であることが多い**です。抽象的な内容を that 以下でより具体的にします。

ここからは補足ですが、同格を表す that は正確な文法の定義では［名詞節］となります。ただし、本書の読者にとっては〈形容詞節〉と処理したほうが簡単に処理できると考え、あえてそのようにしています。もっと英語ができるようになった後に、このあたりは細かく勉強すれば OK です。

※抽象名詞の例：fact「事実」、opinion「意見」、recognition「認識」
impression「印象」、promise「約束」、idea「考え」

6. that節が（副詞節）

ここも **POINT 21** を参照しながら、読み進めてください。**that 節が（副詞節）になるのは、①前に感情・判断がある ② so［such］that 構文**の2パターンです。

that の前に感情・判断を表す語句がある場合は、**that 節中でその原因・根拠**が述べられます。不定詞の副詞的用法の感情の原因、判断の根拠と同じ理屈ですね（**●** P047）。

so［such］that 構文は聞いたことがある人が多いと思いますが、実は分解すると4パターンに分類できます。

PRACTICE 次の英文にSVOC、［名詞］〈形容詞〉（副詞）のチェックをし、日本語に訳しなさい。

❶ I was so tired that I couldn't attend the party.

▶ I was (so) tired (that I couldn't attend the party).
  s v   c   s'   v'   o'

  訳 私は（とても）疲れていた（ので、パーティーに出席できなかった）。
     s   c v   o'   v'

❷ He isn't so old that he cannot ride a bicycle.

▶ He isn't (so) old (that he cannot ride a bicycle).
  s v   c   s'   v'   o'

  訳 彼は（自転車に乗れないほど）年をとっているわけではない。
     s   o'   v'   c   v

❸ I went to bed early so that I could prepare for the exam.

▶ I went (to bed) (early) (so that I could prepare (for the exam)).
  s v   s'   v'

  訳 私は（（試験の）準備をするために）（早く）寝た。
     s   v'   v

❹ She studied hard, so that she passed the exam.

▶ <u>She</u> <u>studied</u>（hard），（so that <u>she</u> <u>passed</u> <u>the exam</u>）．
　　s　　v　　　　　　　　　　　s'　　v'　　　o'

　訳 彼女は（一生懸命）勉強した。（それで、試験に合格した）。
　　　s　　　　　　　　　v　　　　　　　　　o'　　　　v'

　まず大きく2つに分類します。so［such］と that が離れているパターンと、so と that がくっついているパターンです。

　PRACTICE の❶と❷の so と that が離れているパターンでは、**まずは訳し下して「とても…なので〜」としてみて、不自然なら訳し上げて「〜ほど…」で処理します。**❷の文を「とても年老いていないので、自転車に乗ることができない」とすると不自然な意味になりますね。その場合は、訳し上げて「〜ほど…」と処理します。

　❸と❹の文の so と that がくっついているパターンでは、**コンマ（,）があるかどうか、that 節中に助動詞があるかどうかで判断します。コンマがあり助動詞がない場合は訳し下して「それで〜」、コンマがなく助動詞がある場合は訳し上げて「〜ために」です。**

so［such］that 構文は
この4パターン！

とても…なので〜

それで〜

〜ほど…

〜ために

※ 次のページの**POINT23**で攻略法をチェック！

POINT 23 so［such］thatの攻略

so［such］… that S' V' ～の攻略	
①訳し下す	「とても…なので～」
②訳し上げる	「～ほど…」
so that S' V' ～の攻略		
①…, so that S' V'	訳し下す	「それで～」
②… so that S' 助動詞 V'	訳し上げる	「～ために」

7. whether / if 節の攻略

　従属接続詞で名詞節にもなるもの3つは何でしたか？　そう、**that / if / whether の3つ**でしたね。that の名詞節はすでに取り扱ったので、ここでは if と whether について学んでいきます。if と whether は（副詞節）だけでなく［名詞節］を形成することができ、それぞれ訳し方が異なります。**whether ～が［名詞節］の場合の訳は「～かどうか」となり、（副詞節）の場合は「～であろうと…であろうと」という訳になります。if が［名詞節］の場合の訳は「～かどうか」となり、（副詞節）の場合は「もし～ならば」という訳になります。**

☞ **POINT 24** whether と if の攻略

whether節の攻略	
［名詞節］	「～かどうか」
（副詞節）	「～であろうと…であろうと」
if節の攻略	
［名詞節］	「～かどうか」
（副詞節）	「もし～ならば」

8. 仮定法

仮定法は**現実ではありえないことを表現します。**

PRACTICE 次の英文にSVOC、［名詞］〈形容詞〉（副詞）のチェックをし、日本語に訳しなさい。

❶ If it rains tomorrow, I will watch a movie in my room.

▶ (If it rains (tomorrow),) I will watch a movie (in my room).

訳 （もし（明日）雨が降ったら、）私は（部屋で）映画を見るつもりだ。

❷ If I were a bird, I would be able to fly.

▶ (If I were a bird,) I would be able to fly.

訳 （もし私が鳥だったら、）空を飛べるのに。

事実 私は鳥ではないから、空を飛べない。

❸ If he had studied harder, he would have passed the exam.

▶ (If he had studied (harder),) he would have passed the exam.
  　s'　　　v'　　　　　　　s　　　　　v　　　　　　o

  訳 (もし彼が(もっと一生懸命)勉強していたら、)試験に合格していた
  　　　　s'　　　　　　　　　　　　　　v'　　　　　o　　　　　v
  だろう。

  事実 彼は一生懸命勉強しなかったから、試験に合格しなかった。

　上記の3つの例文のうち、❶は仮定法ではなく、❷と❸が仮定法です。
❶は雨が降る可能性がある一方で、❷は鳥になることはできないし、❸も
時間をさかのぼって一生懸命勉強し直すことはできませんね。このように、
現実ではありえないことを表現するのが仮定法で、そのありえなさを表現
するために、**仮定法は時制が1つ過去にズレる**という形式をとります。(「鳥
だったら、空を飛べるのに」は今のことを言っているにもかかわらず、時
制は過去形で were を使っている。「もっと一生懸命勉強していたら、合格
したのに」も過去のことを言っているにもかかわらず、時制は過去完了形
had studied を使っている) ここではひとまず、仮定法の基本の2パターン
である仮定法過去と仮定法過去完了の形を POINT 25 で覚えておくことに
とどめましょう。

　また、仮定法は**条件を表す節を倒置することで if が省略できる**という特
徴があります (➡倒置については Chapter 5 で詳しく取り扱います)。

　このように、仮定法であっても倒置が起きて if が書かれていない場合も
ありますし、❶の例文のように if を使っているのに仮定法ではない場合も
あります。したがって、仮定法は if の有無で判断するのではなく、**助動詞
の過去形を目印に判断しましょう。**

POINT 25 仮定法の攻略

仮定法
助動詞の過去形は仮定法（ありえないこと） ※条件部分の倒置でifが省略
仮定法過去 ➡**現在の話**
（If S' V'過去形 〜,）S 助動詞の過去形 + V原形 ….
仮定法過去完了 ➡**過去の話**
（If S' had Vpp 〜,）S 助動詞の過去形 + have Vpp ….

9. asの攻略

　最後に、多くの受験生が苦しむ as を攻略してしまいましょう。as の品詞は色々ありますが、受験生が長文で出てきた際に困る as はだいたい前置詞の as と従属接続詞の as です。

　（as 名詞）は「として / ように」、（ as S' V'）は「とき / ので / ように / つれて」という訳になります。また、従属接続詞の as を「つれて」と訳すのは、**S' V' の箇所に変化を表す内容**がきたときです。これら以外にも、（形容詞 as S' V'）という形は、「けれども」と訳します。

前置詞（as 名詞の上）　従属接続詞（as S' V'の上）　名詞/副詞（形容詞 as S' V'の上）

👉 **POINT 26** asの識別

asの攻略	
as＋名詞	「～として」
	「～ように」
as＋S' V'	「～とき」
	「～ので」
	「～ように」
	「～につれて」 ※S'V'に変化
形容詞＋as＋S' V'	「～けれども」

講義
例文演習 編

テーマ
1
疑問詞と［名詞節］の that

チェック!

1 疑問詞は疑問文を作らなければ名詞節を作る
2 名詞節になる that 節は、「S・O・C・前置詞の O」の役割になる
3 名詞節は、「～こと・もの」と訳す

LESSON

次の英文に SVOC、［名詞］〈形容詞〉（副詞）のチェックをし、日本語に訳しなさい。

045 He doesn't know when the party starts.

訳 ....

046 That she is ill is obvious.　　　　　※ obvious=「明らかな」

訳 ....

047 He says that he doesn't like Osaka.

訳 ....

048 The problem is that we don't have enough time.

訳 ....

045 He doesn't know [when the party starts].
S　　V　　　O　　　　　S'　　　　V'
訳 彼は [いつパーティーが始まるか] 知らない。
　 S　　　　S'　　　　　　V'　　　 V

疑問詞は疑問文を作らない場合は［名詞節］となるのでした。know が
他動詞なので、when がその目的語となる［名詞節］を形成して「いつ〜
か」と訳します。

046 [That she is ill] is obvious.
　　　　　S'　V'C'　V　　C
訳 [彼女が病気であるということ] は明らかである。
　 S　　　　S'　　C'　V'　　　　　　C　　V

047 He says [that he doesn't like Osaka].
S　 V　　　　　S'　　　　V'　　O'
訳 彼は [大阪を好きではない] と言っている。
　 S　　 O'　　　 O'　　　 V'　　　 V

048 The problem is [that we don't have enough time].
　　 S　　　　 V C　　　 S'　　　 V'　　　　 O'
訳 問題は、[私たちには十分な時間がないこと] だ。
　 S　　　　 C　 S'　　　　 O'　 V'　　 V

that は［名詞節］〈形容詞〉（副詞節）の全ての品詞になりえるのでし
た。つまり、どの品詞になるかを考える必要があります。

046 文頭の that 節は必ず［名詞節］となります。したがって、that か
ら［名詞節］のカッコを始め、2つ目の is の前までカッコに含めます。2つ
目の is が主節の V で、2文型となります。

047 say は他動詞なので、後ろは O。O になれるのは［名詞］のみなの

で、that 節は［名詞節］でOとして機能しています。

048 is の後ろの that 以下がCになります。Cになれる品詞は［名詞］か〈形容詞〉でしたが、**that 節が〈形容詞節〉になるのは直前の名詞を修飾するとき**でした。直前に名詞はないので、この that 節は［名詞節］だと確定します。

テーマ2 〈形容詞節〉の that

チェック！

1 名詞 + that がきたらまず〈形容詞節〉だと考える
2 that 節中が完全文なら同格、不完全文なら関係代名詞
3 同格の that は「〜という」と訳す

LESSON

次の英文に SVOC、［名詞］〈形容詞〉（副詞）のチェックをし、日本語に訳しなさい。

049 He didn't know the fact that everyone else knew.

訳 ....

050 I accept the fact that everyone is different.

訳 ....

051 We came to the conclusion that he is a genius.

訳 ....

049 He didn't know the fact 〈that everyone else knew〉.
　　　S　　　V　　　O　　　　　　S'　　　　　　　V'
訳 彼は〈他のみんなが知っている〉事実を知らなかった。
　　S　　　　S'　　　　　　V'　　　　　O　　　　V

名詞＋ that ～の形はまず〈形容詞節〉だと考えて OK です。次に考えな
ければいけないのは、この that が同格か関係代名詞かです。that 節中の
knew が他動詞にもかかわらず後ろに O になる［名詞］がありません。つ
まり**不完全文なので、関係代名詞の that** ということがわかります。

050 I accept the fact 〈that everyone is different〉.
　　　S　V　　　O　　同格　　S'　　　V'　　C'
訳 私は〈人それぞれ違うという〉事実を受け入れている。
　　S　同格　　S'　　　C'　　　　　O　　　　　V

今回も the fact that ～と名詞＋ that ～の形になっているので、that 以
下が〈形容詞節〉として機能していると考えます。everyone is different
は SVC の2文型で、**抜けている名詞がない完全文なので that 節が同格**だと
わかります。だから、「～という」と訳します。

051 We came (to the conclusion 〈that he is a genius〉).
　　　S　V　　　　　　　　　　　　　同格　S'　V'　　C'
訳 私たちは（〈彼が天才だという〉結論に）達した。
　　S　　　　同格 S'　　C'　　V　　　　　　　V

to は後ろが名詞なので、前置詞です。to the conclusion ～は「結論に→
達した」と、動詞 came を修飾しているため、（副詞）のカッコが始まりま
す。名詞＋ that ～なので、〈形容詞〉のカッコを that から始めて文末まで

含めます。to から始まった（副詞）のカッコも文末までだとわかります。he is a genius が SVC の2文型で、**抜けている名詞がない完全文なので that 節が同格**だとわかります。だから、「〜という」と訳します。

3 （副詞節）の that

1 that の直前に感情・判断があれば、副詞節である
2 that 節には原因・根拠が入る
3 so［such］that 構文が出てきたとき、離れている or つながっているパターンか確認する

LESSON

次の英文に SVOC、［名詞］〈形容詞〉（副詞）のチェックをし、日本語に訳しなさい。

052 He must be crazy that he should do something like that.

訳 ....

053 I am glad that you like it.

訳 ....

054 I am so busy that I cannot read that book.

訳 ....

055 He isn't so poor that he cannot buy food.

🈂 ....

056 The novel was such a good book that I read it three times.
※ novel=「小説」

🈂 ....

057 I went home early so that I could help my mother.

🈂 ....

058 He worked hard, so that he succeeded.

🈂 ....

┌─ 構 造 解 説 ──────────────────────────

052 He must be crazy (that he should do something ⟨like
　　S　　V　　　　C　　　　　　S'　　　V'　　　　O'
that⟩).

🈂 (⟨そのような⟩ことをするなんて)、彼は気がおかしいに違いない。
　　　　　　　　　O'　　　　　　　V'　　　S　　　　C　　　　V

053 I am glad (that you like it).
　　S　V　　C　　　　S'　V'　O'
🈂 私は (あなたがそれを気に入ってくれて) 嬉しいです。
　　S　　　S'　　　　O'　　　　　　V'　　　　　　C　V

└──────────────────────────────────────

that が (副詞節) になるときは、①前に感情・判断がある ② so [such]
that 構文のときです。**052** の must be「〜に違いない」や **053** の glad「嬉

112

しい」は、判断や感情を表す語句です。したがって、that 以下でなぜそのように判断したのか？　なぜそのような感情になったのか？という原因・根拠が述べられます。

　なお、**should の訳は「～すべきだ」だけではなく、「～するはずだ」「～するなんて」**の2つも覚えておくようにしてください。ちなみに **052** の should を使った表現は実はカタい表現で、He must be crazy to do …と不定詞で表現したほうが自然です。

構造解説

054 I am (so) busy (that I cannot read that book).
　訳 私は（とても）忙しいので、（その本を読むことができない）。

055 He isn't (so) poor (that he cannot buy food).
　訳 （食べ物を買えないほど）、彼は貧しくはない。

056 The novel was (such) a good book (that I read it (three times)).
　　訳 その小説は（とても）いい本だったので、（私はそれを（3回）読んだ）。

　これらの so［such］と that が離れているパターンは、**まず訳し下して「とても…なので～」、不自然なら訳し上げて「～ほど…」と訳す**のでした。
　054 と **056** は特に問題なく「とても…なので～」で訳せると思いますが、**055** は「彼はとても貧しくないので、食べ物を買うことができない」という不自然な訳になります。そこで軌道修正し、訳し上げて「～ほど…」

と訳します。

057 I went (home) (early) (so that I could help my mother).
S   V

訳 （私は母親の手助けをするために）、（早く）（家に）帰った。

058 He worked (hard), (so that he succeeded).
S   V

訳 彼は（一生懸命）働いた。（それで成功した）。

　続いて so と that がくっついているパターン。これはコンマがあるかないか、助動詞があるかないかで判断するのでした。**コンマがあり、助動詞がなければ「それで〜」と訳し下し、コンマがなく、助動詞があれば「〜ために」と訳し上げます。**ちなみに **058** のコンマがある用法は、that を省略する場合が多いです。

114

テーマ 4 whether / if節の攻略

チェック！

1 whether / if は［名詞節］か（副詞節）か考える
2 whether / if の［名詞節］の訳は「〜かどうか」
3 whether の（副詞節）の訳は「〜であろうと…であろうと」、if の（副詞節）の訳は「もし〜ならば」

LESSON

次の英文に SVOC、［名詞］〈形容詞〉（副詞）のチェックをし、日本語に訳しなさい。

059 I cannot decide whether I should go there or not.

訳 ....

060 Whether you like it or not, you'll have to do it.

訳 ....

061 I don't know if you like this dish.

訳 ....

062 If you want the rainbow, you have to put up with the rain.　　　　※ put up with 〜＝「〜を我慢する」

訳 ....

115

059 I cannot decide [whether I should go (there) or not].
S   V   O   S'   V'

訳 私は［（そこに）行くべきかどうか］決めることができない。
  S   O   V

060 (Whether you like it or not,) you'll have to do it.
        S'   V'   V'   S   V   O

訳 （好きであろうとなかろうと、）あなたはそれをしなければなら
        V'   S   O   V
ない。

059 は decide「〜を決定する」が他動詞なので、whether から O、つまり［**名詞節**］だと判断し、「〜かどうか」と訳します。

060 は whether 節が［名詞節］として S になっていると考えると、コンマの後の you'll have to do の SV の説明がつかなくなります。そこからwhether 節を（**副詞節**）と判断し、「〜であろうと…であろうと」と訳します。

061 I don't know [if you like this dish].
S   V   O   S'   V'   O'

訳 私は［あなたがこの料理を好きかどうか］わからない。
  S   S'   O'   V'   V

062 (If you want the rainbow,) you have to put up with the rain.
        S'   V'   O'   S   V
the rain.
    O

訳 （もし虹を見たいならば、）あなたは雨を我慢しなければならな
        O'   V'   S   O   V
い。

061 は know「～を知っている」が他動詞なので、if から O、つまり [名詞節] だと判断し、「～かどうか」と訳します。

062 は if 節が [名詞節] として S になっていると考えると、コンマの後の you have to put up with の SV の説明がつかなくなります。そこから if 節を（副詞節）と判断し、「もし～ならば」と訳します。ちなみに、**文頭の if は絶対に [名詞節] にならないので、文頭の if は即決で（副詞節）で構**いません。

テーマ 5 # 仮定法

チェック！
1 仮定法は if ではなく助動詞の過去形で判断する
2 仮定法はありえないことを表現する
3 仮定法は時制が1つズレる

LESSON

次の英文に SVOC、[名詞]〈形容詞〉（副詞）のチェックをし、日本語に訳しなさい。

063 If you practiced more, you would become a famous musician.

訳 ....

064 If you had practiced more, you would have become a famous musician.

訳 ....

065 Had you practiced more, you would have become a famous musician.

訳 ....

066 With his advice, you would have become a famous musician.

訳 ....

構造解説

063 (If you practiced (more),) you would become a famous
　　　 S'　　V'　　　　　　　　 S　　　V　　　　　C
musician.

訳 （もし（もっと）練習したら、）あなたは有名なミュージシャン
　　　　　　　　　 V'　　　　　　　　　　　 S　　　　　　　　　 C
になるだろう。
　　 V

事実 練習が足りないから、有名なミュージシャンになれない。

064 (If you had practiced (more),) you would have become
　　　 S'　　　V'　　　　　　　　 S　　　　V
a famous musician.
　　　　 C

訳 （もし（もっと）練習していたら、）あなたは有名なミュージ
　　　　　　　　　　 V'　　　　　　　 S　　　　　　　 C
シャンになっていただろう。
　　 V

事実 練習が足りなかったから、有名なミュージシャンになれなかっ
た。

118

063 は（If S' V' 過去形 〜），S 助動詞の過去形＋ V 原形 …. の形になって
いるので仮定法過去、064 は（If S' had Vpp 〜,）S 助動詞の過去形＋ have
Vpp …. の形になっているので仮定法過去完了です。

　仮定法過去は過去形を使用するものの「現在の話」なので現在の訳とな
り、仮定法過去完了は過去完了形を使用するものの「過去の話」なので過
去の訳となることを押さえておいてください。

　また、訳して終わりではなく、事実はどうなのか？　を常に考えるよう
にしましょう。

---構造解説---

065 （Had you practiced（more），）you would have become
　　　　　S'　　　V'　　　　　　　　　　　　S　　　　　V

a famous musician.
　　　　　C

訳 （もし（もっと）練習していたら、）あなたは有名なミュージ
　　　　　　　　　V'　　　　　　　　　　　　S

シャンになっていただろう。
　　　C
　　　V

事実 練習が足りなかったから、有名なミュージシャンになれなかっ

た。

066 （With his advice,）you would have become a famous
　　　　　　　　　　　　S　　　　V　　　　　　　　　C

musician.

訳 （彼のアドバイスがあれば、）あなたは有名なミュージシャンに
　　　　　　　　　　　　　　　S

なっていただろう。
　　　C
　V

事実 彼のアドバイスがなかったから、有名なミュージシャンにな

れなかった。

この2文は if がありませんが、**助動詞の過去形 would があるので仮定法だと判断**します。

　065 は Had you practiced の処理が難しく感じるはずです。これは、**条件部分が倒置されて、if が省略された形**。つまり、もともと If you had practiced more だったわけです。それに気づくことができれば、ここは（副詞節）として処理することができます。

　英作文などで、あえてこういう複雑な語順で書く必要はありません。しかし、英語長文で出てきた場合、この構造に気づけないと対応できません。「あれ、ここの構造…どうなっているんだ？」→後ろに助動詞の過去形を発見→仮定法だと気づく→「そういえば仮定法の範囲に倒置して if が省略される形があったな。だから（副詞節）か。」長文読解中ではこのような思考の手順になります。

　066 は条件部分が前置詞句で表現されているだけです。構造としては簡単ですが、仮定法だと気づいて、事実である「彼のアドバイスがなかったから有名なミュージシャンになれなかった」を捉えることを忘れないでください。if を使って言い換えると、If you had had his advice, …となります。

(テーマ6) as の識別

チェック!

1 〈as 名詞〉は「として / ように」と訳す
2 〈as S'V'〉は「とき / ので / ように / つれて」と訳す
3 〈形容詞 as S'V'〉の訳は「けれども」になる

LESSON

次の英文に SVOC、[名詞]〈形容詞〉（副詞）のチェックをし、日本語に訳しなさい。

067 He works as a cook at a small restaurant.

訳 ....

068 As we were talking, she came up.

訳 ....

069 Let's go home, as it is late.

訳 ....

070 She talked to me as a mother talks to her child.

訳 ....

071 As time passed, their friendship became stronger.

訳 ....

072 Happy as they were, there was something missing.

訳 ....

構造解説

067 He works (as a cook ⟨at a small restaurant⟩).
　　　S　V

訳 彼は（〈小さなレストランの〉料理人として）働いている。
　　　S　　　　　　　　　　　　　　　　　　　　　　　　　　　　V

今回の as は後ろが S'V' ではないので前置詞だとわかります。**前置詞の as の訳は「として / ように」**となります。

構造解説

068 (As we were talking,) she came up.
　　　　　S'　　V'　　　　　　S　V

訳 （私たちが話をしていたとき、）彼女が来た。
　　　S'　　　　V'　　　　　　　　S　V

069 Let's go (home), (as it is late).
　　　　V　　　　　　　　　S' V' C'

訳 （遅いので）、（家に）帰ろう。
　　　C'　　V'　　　　　　V

070 She talked (to me) (as a mother talks (to her child)).
　　　S　V　　　　　　　　　　S'　　　　V'

訳 彼女は（母親が（子どもに）話しかけるように）（私に）話し
　　　S　　　S'　　　　　　　　　　V'

かけた。
　V

071 (As time passed,) their friendship became stronger.
　　　　S'　　V'　　　　　　　S　　　　　V　　C

訳 （時間が経つにつれて、）彼らの友情は強くなった。
　　　S'　　V'　　　　　　　　　S　　　　V　C

122

　これらの例文は as の後ろが S'V' になっているので従属接続詞だとわかります。従属接続詞の as の訳は**「とき / ので / ように / つれて」**のいずれかですが、**訳を確かめる際は「とき」から順番に当てはめながら考えます。**

　069 の home は（副詞）です。home は「家」という訳ではなく、「家に」となります。「家に」という訳であれば、go にかかり、自ずと［名詞］ではなく（副詞）だと判断できると思います。

※1　名詞と誤りやすい場所を表す副詞シリーズ：there「そこに」、here「ここに」、home「家に」、upstairs「階上に」、downstairs「階下に」、abroad「海外に」、overseas「海外に」、outdoors「屋外で、屋外へ」、indoors「屋内で、屋内へ」、downtown「中心街へ、繁華街へ」

　071 は time passed が**変化を表す内容なので「つれて」の訳**になります。

構造解説

072 (Happy as they were,) (there) was something
　　　　C'　　S'　　V'　　　　　　　　　　V　　　　S
　　　　〈missing〉.
　　　　　(V)

訳　（彼らは幸せだったけれども、）〈足りていない〉何かがあった。
　　S'　　　　V'　　　　　　　　　　　　(V)　　　S　　V

　形容詞である Happy から始まって、解釈がしにくい文です。ここで（形容詞 as S'V'）に気づくことができれば、すぐに訳が導き出せます。**（形容詞 as S'V'）の訳は、「けれども」**でしたね。

※2　（形容詞 as S'V'）の形容詞の箇所には名詞や副詞が入ることもありますが、形容詞の確率が一番高いので、この形で覚えてしまえば OK。

　something missing の部分がちょっと気持ち悪いと思った人もいるかもしれません。普通、形容詞が単体の場合は名詞を前から修飾します。〈cold〉drink とは言うけど、drink〈cold〉は気持ち悪いですよね。しかし、**"〜thing" で終わる単語（something や anything など）は形容詞が単体であっても後ろから修飾する**というルールがあるため、この語順となります。

要 点 整 理

✓⑳ 疑問詞

疑問詞は疑問文を作らないとき［名詞節］を作る	
疑問詞一覧	意味
what	「何が［を］〜か」
who	「誰が［を］〜か」
whose	「誰の〜か」
which	「どれが［を］〜か」
where	「どこで〜か」
when	「いつ〜か」
why	「なぜ〜か」
how	「どのように〜か」

✓21 that 節の識別

that節が［名詞節］か〈形容詞節〉か（副詞節）か		
［that S' V' 〜］	S・O・C・前置詞のO ※前置詞のOになるのはin that S' V' 〜「〜という点で」と except that S' V' 〜「〜という点を除いて」の2パターンのみ	
〈that S' V' 〜〉	同格	前に抽象名詞があり、完全文 「〜という」と訳す
	関係代名詞	不完全文 「〜という」と訳さない
（that S' V' 〜）	①前に感情・判断が書かれている ②so [such] … that S' V' 〜またはso that S' V' 〜構文	

✓22 完全文と不完全文

完全文	節中で<u>名詞</u>が抜けていない
不完全文	節中で<u>名詞</u>が抜けている

✓23 so [such] that の攻略

so [such] … that S' V' 〜の攻略	
①訳し下す	「とても…なので〜」
②訳し上げる	「〜ほど…」

so that S' V' 〜の攻略		
①… , so that S' V'	訳し下す	「それで〜」
②… so that S' <u>助動詞</u> V'	訳し上げる	「〜ために」

✓24 whether と if の攻略

whether節の攻略	
［名詞節］	「〜かどうか」
（副詞節）	「〜であろうと…であろうと」
if節の攻略	
［名詞節］	「〜かどうか」
（副詞節）	「もし〜ならば」

✓25 仮定法の攻略

仮定法
助動詞の過去形は仮定法（ありえないこと） ※条件部分の倒置でifが省略
仮定法過去　➡現在の話
（If S' V'過去形 〜,）S 助動詞の過去形 ＋ V原形 …..
仮定法過去完了　➡過去の話
（If S' had Vpp 〜,）S 助動詞の過去形 ＋ have Vpp ….

✓26 as の識別

asの攻略	
as＋名詞	「〜として」
	「〜ように」
as＋S' V'	「〜とき」
	「〜ので」
	「〜ように」
	「〜につれて」 ※S'V'に変化
形容詞＋as＋S' V'	「〜けれども」

01 疑問詞が疑問文を作らない場合、何節を作る？

［名詞節］

02 that節は［名詞節］〈形容詞節〉（副詞節）のどれになる？

全て

03 that節が［名詞節］になるのは？

S / O / C / 前置詞のO

04 that節が〈形容詞節〉の場合，どう訳す？

前に抽象名詞があり、完全文ならthatは同格「〜という」と訳す。不完全文なら関係代名詞「〜という」と訳さない。

05 that節が（副詞節）になるのは？

①前に感情・判断
②so［such］that構文

06 完全文とは？

節中の名詞が抜けていない文

07 不完全文とは？

節中の名詞が抜けている文

08 so［such］… that S' V' の訳し分けは？

①「とても…なので〜」と訳し下す
②不自然なら「〜ほど…」と訳し上げる

09 so that S' V' 〜の訳し分けは？

①コンマあり、助動詞なしなら「それで〜」と訳し下す
②コンマなし、助動詞ありなら「〜ために」と訳し上げる

10 ［名詞節］のwhether 〜の訳は？

「〜かどうか」

11 （副詞節）の whether 〜の訳は？ 　「〜であろうと…であろうと」

12 ［名詞節］の if 〜の訳は？ 　「〜かどうか」

13 （副詞節）の if 〜の訳は？ 　「もし〜ならば」

14 仮定法の if と普通の if の違いは？ 　仮定法はありえないこと

15 仮定法過去の構文は？ 　(If S' V' 過去形 〜,) S 助動詞の過去形+V 原形 ….

16 仮定法過去完了の構文は？ 　(If S' had Vpp 〜,) S 助動詞の過去形+have Vpp ….

17 仮定法の目印は？ 　助動詞の過去形

18 仮定法の条件節が倒置されると？ 　if の省略

19 （as 名詞）の訳は？ 　「として / ように」

20 （as S' V'）の訳は？ 　「とき / ので / ように / つれて」

21 （as S' V'）で「つれて」と訳す場合は？ 　S' V' の箇所に変化を表す内容

22 （形容詞 as S' V'）の訳は？ 　「けれども」

基本練習

1 次の英文に SVOC、［名詞］〈形容詞〉（副詞）のチェックをし、日本語に訳し、日本語にも SVOC を振りなさい。（2点 × 28問 =56点）

(1) He doesn't know when the party starts.

訳 ....

(2) That she is ill is obvious.

訳 ....

(3) He says that he doesn't like Osaka.

訳 ....

(4) The problem is that we don't have enough time.

訳 ....

(5) He didn't know the fact that everyone else knew.

訳 ....

(6) I accept the fact that everyone is different.

🈶 ....

(7) We came to the conclusion that he is a genius.

🈶 ....

(8) He must be crazy that he should do something like that.

🈶 ....

(9) I am glad that you like it.

🈶 ....

(10) I am so busy that I cannot read that book.

🈶 ....

(11) He isn't so poor that he cannot buy food.

🈶 ....

(12) The novel was such a good book that I read it three times.

🈶 ....

(13) I went home early so that I could help my mother.

訳 ....

(14) He worked hard, so that he succeeded.

訳 ....

(15) I cannot decide whether I should go there or not.

訳 ....

(16) Whether you like it or not, you'll have to do it.

訳 ....

(17) I don't know if you like this dish.

訳 ....

(18) If you want the rainbow, you have to put up with the rain.

訳 ....

(19) If you practiced more, you would become a famous musician.

🗊 ....

(20) If you had practiced more, you would have become a famous musician.

🗊 ....

(21) Had you practiced more, you would have become a famous musician.

🗊 ....

(22) With his advice, you would have become a famous musician.

🗊 ....

(23) He works as a cook at a small restaurant.

🗊 ....

(24) As we were talking, she came up.

🗊 ....

(25) Let's go home, as it is late.

訳 ....

(26) She talked to me as a mother talks to her child.

訳 ....

(27) As time passed, their friendship became stronger.

訳 ....

(28) Happy as they were, there was something missing.

訳 ....

2 次の英文について後の問に答えよ。(2点×22問 =44点)

(1) He asked me if I knew any good restaurants in the area
that serve vegetarian food.

※ serve=「〜を提供する」　vegetarian food=「ベジタリアン料理」

1. if 〜は何節か。

　　　　　　　　　　　　　　　　　　　　　　　　　　　　　節
----

2. that 〜 food はどの単語を修飾しているか。

----

(2) The idea that we can change our lives through hard work
is inspiring to many.　　　　　　　　　※ inspiring=「刺激的で」

1. 主節の V はどれか。

----

2. この that は同格か関係代名詞か。

----

3. この文を訳せ。

訳 ---

(3) She was so eager to learn the piano that she practiced for hours every day after school. ※ eager=「熱心で」

1. to learn the piano は何句か。

_____ 句

2. that 〜は何節か。

_____ 節

(4) If I had known about the traffic jam, I would have taken a different route to avoid it. ※ avoid=「〜を避ける」

1. to avoid it は何句か。

_____ 句

2. この文を訳せ。

訳 _____

(5) I believe that helping others in need not only benefits them but also enriches our own lives.

※ in need=「(助けを) 必要としている」が転じてここでは「困っている」 not only A but also B=「A だけでなく B もまた」 enrich=「〜を豊かにする」

1. but は何と何をつないでいるか。

_____ と _____

2. この文を訳せ。

訳 _____

(6) The movie that we saw last night was so interesting that we recommended it to many of our friends.

※ recommend=「～を勧める」

　　1. 1つ目の that 節は何節か。

　　　　　　　　　　　　　　　　　　　　　　　　　　　　　　　　節

　　2. 2つ目の that 節は何節か。

　　　　　　　　　　　　　　　　　　　　　　　　　　　　　　　　節

　　3. この文を訳せ。

　訳

(7) She wondered whether to accept the job offer or wait for a better opportunity.

※ accept=「～を受け入れる」　opportunity=「機会」

　　1. whether ～ opportunity のカタマリの品詞は何か。

　　2. or は何と何をつないでいるか。

　　　　　　　　　　　　　　　　と

(8) As she loves animals, she would have more pets if she had a bigger house.

　　1. この as は前置詞か従属接続詞か。

　　2. この文を訳せ。

　訳

(9) I think that exercising regularly improves not only our physical health but also our mental well-being.

※ regularly=「定期的に」　improve=「〜を向上させる」

1. that 〜は何節か。

　　　　　　　　　　　　　　　　　　　　　　　節

2. but は何と何をつないでいるか。

　　　　　　　　　　　　と

(10) He woke up early so that he could catch the first train to the airport.

1. so that 〜は何節か。

　　　　　　　　　　　　　　　　　　　　　　　節

2. この文を訳せ。

訳

SCORE

/100点

節の攻略
関係詞

Mastering clauses
relatives

講師 八澤龍之介

授業動画へアクセス

重要知識 編

1. 節の整理

節とは **SV を含むカタマリ**のことでした。`Chapter 3` では接続詞や疑問詞を取り扱いましたが、この `Chapter 4` では関係詞を取り扱います。

2 関係詞の基本

関係詞に分類されるもので代表的なものに that、who、whom、when、where などがあります。関係詞は、大きく分けると**関係代名詞**と**関係副詞**に分かれます。

関係代名詞とは名詞の抜けた〈形容詞節〉を作り、**関係副詞は前置詞＋名詞の抜けた〈形容詞節〉**を作ります。また、**関係詞節によって修飾される名詞**のことを先行詞といいます。

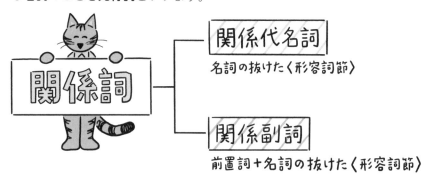

PRACTICE 次の下線部の単語が関係代名詞か関係副詞か答えよ。

❶ The place which has a nice view of the lake is perfect for a picnic.

▶関係代名詞

The place 〈which has a nice view 〈of the lake〉〉 is perfect (for a picnic).
　　　　　S　　　　　V'　　　O'　　　　　　　　　V　　C

🈟 〈〈湖の〉素晴らしい景色が見える〉その場所は（ピクニックに）最適だ。

❷ The place where we celebrated his birthday was a little restaurant.

▶関係副詞

The place 〈where we celebrated his birthday〉 was a little restaurant.
　　　　　S　　　S'　　V'　　　　O'　　　　V　　C

🈟 〈私たちが彼の誕生日を祝った〉その場所は、小さなレストランだった。

❶の文の which 節内を見ると、has a nice view of the lake となっており、S つまり名詞が抜けた不完全文だとわかります。そのことから、この which は関係代名詞だと判断できます。❷の文の where 節内を見ると、we celebrated his birthday となっており、3文型が完成しています。したがって、名詞が入るところがありません。無理やり先行詞の The place をこの節に入れようとすると、we celebrated his birthday at the place というように、前置詞が必要です。つまり、前置詞＋名詞が抜けていると判断でき、この where は関係副詞だとわかります。

　基本をまず理解してほしいのであえて回りくどく説明しましたが、実際は関係代名詞か関係副詞かは関係詞をまとめて覚えたほうが早いです。**関**

係代名詞は〈that / who / whom / whose / which〉［what］の6つがあり、関係副詞は〈when / where / why / how〉の4つがあります。whatだけが例外的に［名詞節］を作りますが、それ以外は〈形容詞節〉を作ります。

POINT 27 関係詞の基本

関係詞
関係代名詞
名詞の抜けた〈形容詞節〉
〈that / who / whom / whose / which〉［what］
関係副詞
前置詞＋名詞の抜けた〈形容詞節〉
〈when / where / why / how〉

3. 前置詞＋関係代名詞の攻略

　in which や at which のように、関係代名詞の前に前置詞を置く場合があります。これも、先行詞を修飾して〈形容詞節〉となります。

　前置詞＋関係代名詞は3ステップで処理しましょう。まず、**①前置詞の前から〈形容詞カッコ〉に入れる**、**②前置詞＋関係代名詞を省いて訳を考える**、どうしても訳がおかしいと感じた場合は**③節内に前置詞＋先行詞を入れて訳を考える**、の3ステップです。

☞ POINT 28　前置詞＋関係代名詞

前置詞＋関係代名詞の攻略	
①	前置詞の前から〈形容詞カッコ〉
②	前置詞＋関係代名詞を省いて考える
③	節内に前置詞＋先行詞を入れて考える

4. 関係詞の非制限用法の攻略

　関係詞の非制限用法とは、関係代名詞や関係副詞の直前にコンマ（,）があるものをいいます。**直前にコンマ（,）がある文末の関係詞節は、コンマ（,）で一度切って適当な接続詞を入れて訳すと上手くいきやすいです。**

　下の **PRACTICE** で確認していきましょう。

PRACTICE　次の英文にSVOC、[名詞]〈形容詞〉（副詞）のチェックをし、日本語に訳しなさい。
....

She baked a cake, which was so delicious.

▶ She baked　a cake,〈which was（so）delicious〉.
　　S　V　　　O　　　　　　　　V'　　　　　C'

　訳 彼女はケーキを焼いた。〈そして、それは（とても）おいしかった〉。
　　　S　　　　　O　　　V　　　　　　　　　　　　　　　　　　　C'

関係詞の非制限用法
直前にコンマがある文末の関係詞節は 一度切って適当な接続詞を入れて訳す

関係詞の非制限用法についてもう一つ重要なことがあります。それは、**コンマ（ , ）＋ which は「前に出てきた文の内容」を先行詞にすることができる**ということです。

PRACTICE 次の英文にSVOC、[名詞]〈形容詞〉（副詞）のチェックをし、日本語に訳しなさい。

She cleaned the room, which took an hour.

▶ She cleaned the room, 〈which took an hour〉.
　　S　　V　　　O　　　　 V'　　 O'

訳 彼女は部屋を掃除した。〈そして、それに1時間かかった〉。
　　S　　　　O　　 V　　　　　　　　　　O'　　　　V'

　先行詞を the room と考えて関係詞節内に入れると、「部屋は1時間かかった」になってしまい成立しません。先行詞が She cleaned the room と考えて「彼女が部屋の掃除をするのに1時間かかった」とするのが自然です。この例文のように**コンマ（ , ）＋ which は前の一文もしくは一部を先行詞にすることができます**。

5. 関係詞の省略

　ここまで関係詞について学んできましたが、この関係詞は省略されるこ

とがあります。

PRACTICE　次の英文にSVOC、[名詞]〈形容詞〉(副詞)のチェックをし、日本語に訳しなさい。

The bike he rides is new.

▸ The bike 〈he rides〉 is new.
　　S　　　　S' V'　　V　C

　訳 〈彼が乗っている〉自転車は新しい。
　　　　S'　　V'　　　　S　　　　　C

　このように、**名詞 + SV の形を発見したら、すぐに関係詞の省略を疑い**
ましょう。

POINT 30　関係詞の省略

名詞 + SV
関係詞の省略

6. 関係詞の穴埋め問題の攻略

　関係詞の穴埋め問題は入試頻出のため、穴埋め問題の攻略の手順も伝え
ておきます。関係詞の穴埋め問題を解く手順は次の3ステップです。

STEP1　節中が不完全文なら関係代名詞、節中が完全文なら関係副詞

STEP2　関係代名詞の場合は、「先行詞が人か人以外か」と「名詞の抜け
　　　　　ている箇所が S か O か所有格か」を確認する

STEP3　関係副詞の場合は、「先行詞が時 / 場所 / 理由 / 方法のどれであ
　　　　　るか」を確認する

STEP1	節中が完全文か不完全文か確認する	
不完全文の場合	関係代名詞	
完全文の場合	関係副詞	

STEP2	関係代名詞だった場合は以下を確認する		

名詞の抜けた箇所		S	O	所有格
先行詞	人	who that	who(m) that	whose
	人以外	which that	which that	whose

STEP3	関係副詞だった場合は以下を確認する	

先行詞	場所	where
	時	when
	理由	why
	(方法)	how

※関係代名詞thatが使われやすい
①特定の修飾語を伴う場合 【特定の一つを表すシリーズ】 the first , the second , the last , the very , the 最上級 , the same , the only など 【「全て」「全く～ない」シリーズ】 all , every , any , no など
②[人＋人以外]が先行詞
③名詞の抜けている箇所がC

※関係代名詞thatが使えない
①名詞の抜けている箇所が所有格の場合
②前置詞やコンマの後

この **POINT 31** を見ながらでいいので、**PRACTICE** を2題だけ解いて次に進みましょう。

PRACTICE 次の英文の空所にはwho / whom / whose / which / where / when / why / howのどれが入るか答えよ。

❶ She couldn't answer the question (　　　　) the teacher asked.

▶ which　不完全文。先行詞が人以外で、askのOが抜けているため関係代名詞「which」。

She couldn't answer the question 〈which the teacher asked〉.

訳 彼女は〈先生が尋ねた〉質問に答えられなかった。

❷ Tell me the reason (　　　　) you were late.

▶ why　完全文。先行詞が理由なので、関係副詞「why」。

Tell me the reason 〈why you were late〉.

訳 〈あなたが遅れた〉理由を私に言いなさい。

---

7. 関係代名詞のwhat

　関係代名詞が作る節は名詞の抜けた〈形容詞節〉でしたが、関係代名詞の中で唯一 **what だけ［名詞節］を作ります**。［名詞節］なので、「こと／もの」と訳して処理します。関係代名詞の一種なので、**what の後ろも不完全文**になります。

　ここで思い出してほしいのが、**Chapter 3** で学んだ従属接続詞の that です。従属接続詞の that も［名詞節］を形成することができます。**that は接続詞ですから後ろは完全文、what は関係代名詞ですから後ろは不完全文**です。

次の英文の空所に入るものは何か。thatかwhatから選べ。

❶ (　　　　) he said is interesting.

▶ what（後ろが不完全文のため。）

[What he said] is interesting.
 S　　S'　　V'　　V　　　C
訳 [彼が言ったこと]は面白い。
 S　　S'　 V'　　　　　C

❷ (　　　　) he said it is interesting.

▶ that（後ろが完全文のため。）

[That he said it] is interesting.
 S　　S'　V'　O'　V　　　C
訳 [彼がそれを言ったということ]が面白い。
 S　　　S'　　O'　　V'　　　　　C

POINT 32 関係代名詞whatと従属接続詞that

[関係代名詞what]と[従属接続詞that]	
[what 不完全文]	[that 完全文]

8. 複合関係詞の攻略

　複合関係詞は、関係詞 + ever の形になっているものの総称です。whicheverのような関係代名詞 + ever を複合関係代名詞といい、whenever のような関係副詞 + ever を複合関係副詞と呼びます。

　ここまでで学んだ関係代名詞の後ろは不完全文、関係副詞の後ろは完全文になるというルールと同じで、**複合関係代名詞は後ろが不完全文になり、複合関係副詞は後ろが完全文になります。**

　また、**複合関係代名詞は［名詞節］か（副詞節）を形成し、複合関係副詞は（副詞節）を形成します。**複合関係代名詞は［名詞節］か（副詞節）かによって訳が異なるので、**POINT 33**の表の訳をしっかりと暗記しておきましょう。

POINT 33 複合関係詞の攻略

複合関係詞		［名詞節］		（副詞節）
複合関係代名詞	whoever whomever	「～する人は誰でも」	×	「誰が［を / に］～しようとも」
	whichever	「～するものはどれでも」	×	「どれを～しようとも」
	whatever	「～するものは何でも」	×	「何が～しようとも」
複合関係副詞	whenever	×	「～するときはいつでも」	「いつ～しようとも」
	wherever	×	「～する所はどこでも」	「どこで～しようとも」
	however	×	×	「どれほど～しようとも」

9. whenの識別

　本書では、これまでwhenを3つ取り扱いました。まず1つ目が **Chapter 3** の2.で取り扱った**疑問詞のwhen**。疑問詞は疑問文を作らないときは［名詞節］になるのでした。2つ目はこのチャプターで取り扱った**関係副詞の**

when。これは〈形容詞節〉でしたね。3つ目が **Chapter 1** の10. で取り扱っ
た**従属接続詞の when**。従属接続詞は（副詞節）になるのでした。

　このように when 節は［名詞］〈形容詞〉（副詞）と3つの品詞になるの
で、どの用法か識別しなければなりません。

　when が［**名詞節**］**になるのは S・O・C・前置詞の O になるとき**で、疑
問詞と判断し、「**いつ〜か**」と訳します。when が〈**形容詞節**〉**になるのは
直前に時を表す先行詞があるとき**で、関係副詞と判断し、**先行詞を修飾す
る**ように訳します。（**副詞節**）**になるのは文の要素にならないとき**で、従属
接続詞と判断し、「**〜とき**」と訳します。

POINT 34 when の識別

when節が［名詞節］か〈形容詞節〉か（副詞節）か		
疑問詞 ［when S' V' 〜］	S・O・C・前置詞のOになる	「いつ〜か」
関係副詞 〈when S' V' 〜〉	直前に時を表す先行詞	先行詞を修飾
従属接続詞 （when S' V' 〜）	文の要素にならない	「〜とき」

講義

例 文 演 習 編

テーマ
① 関係詞の基本

チェック!

1 関係代名詞節は名詞の抜けた〈形容詞節〉
2 関係副詞節は前置詞＋名詞の抜けた〈形容詞節〉
3 関係代名詞節は名詞が抜けている箇所を意識しよう

LESSON

次の英文に SVOC、［名詞]〈形容詞〉（副詞）のチェックをし、日本語に訳しなさい。

073 This is the letter which Ken wrote.

訳 ....

074 This is the town where I grew up.

訳 ....

075 I don't have the passion which many people have to win at sports.

訳 ....

073 This is the letter 〈which Ken wrote〉.
　　S　V　　C　　　　　　S'　　V'

　訳　これは〈ケンが書いた〉手紙だ。
　　　S　　　　S'　　V'　　　C　V

074 This is the town 〈where I grew up〉.
　　S　V　　O　　　　　　S'　V'

　訳　ここは〈私が育った〉街だ。
　　　S　　　S'　　V'　　C　V

関係代名詞節は名詞の抜けた〈形容詞節〉、関係副詞節は前置詞＋名詞の抜けた〈形容詞節〉となります。which が関係代名詞、where が関係副詞であることに気づき、すぐに〈形容詞〉のカッコを始めましょう。念のため、先行詞をそれぞれ元の文に戻しておくと、Ken wrote the letter. と I grew up in the town. となりますね。

075 I don't have the passion 〈which many people have
　　S　　　V　　　O　　　　　　　　S'　　　V'

〈to win 〈at sports〉〉〉.
　((v))

　訳　私は〈多くの人が持っている〈(スポーツで)勝とうとする〉〉
　　　S　　　　S'　　　V'　　　　　　　　　((v))
　　情熱を持っていない。
　　　O　　　V

ちょっと意地悪な英文です。「私は多くの人がスポーツで勝たなければならないと思っている情熱を…」と訳してしまった人が多いのではないでしょうか。それは英文をきちんと解釈できていません。「～しなければならない」と訳した人は、今回の英文がこのように見えたのではないでしょうか。

I don't have the passion 〈which many people have to win 〈at sports〉〉.
S　　　V　　　O　　　　　　　S'　　　V'

これは間違いです。関係代名詞節は**名詞の抜けた**〈**形容詞節**〉になるは

ずにもかかわらず、これでは名詞の抜けているところがなく、ルール違反です。ここでおかしいことに気づいて、修正します。

have to がつながっているように見えますが、他動詞 have だと考えると後ろの O がないことに気づきます。先行詞の the passion を have の O の部分に入れてみると、many people have the passion to win at sports となり、成立しますね。この元の文の形がイメージできれば、「〜しなければならない」と訳してはいけないことがわかるはずです。

この例文のように、名詞が抜けている箇所を意識しないと正しく訳すことができない文が存在します。関係詞がきたらとりあえず〈形容詞節〉だ！と瞬発力を上げることがまずは重要ですが、「あれ？」となったときに、元の形をイメージできるようにもしておきましょう。

テーマ 2 前置詞＋関係代名詞の攻略

チェック！

1 前置詞＋関係代名詞は、前置詞の前から〈形容詞カッコ〉
2 前置詞＋関係代名詞を省いて考える
3 訳がおかしかったら、節内に前置詞＋先行詞を入れて考える

LESSON

次の英文に SVOC、[名詞]〈形容詞〉（副詞）のチェックをし、日本語に訳しなさい。

076 This is the place which Ryoma was born in in 1836.

訳 ....

153

077 This is the place in which Ryoma was born in 1836.

訳 ....

078 This is the place where Ryoma was born in 1836.

訳 ....

079 This is the girl for whom he is looking.

訳 ....

構造解説

076 This is the place 〈which Ryoma was born in〈in
1836〉〉.
S V   C   S'   V'

訳 ここは〈リョウマが（1836年に）生まれた〉場所だ。
   S   S'   V'   C V

077 This is the place 〈in which Ryoma was born〈in
1836〉〉.
S V   C   S'   V'

訳 ここは〈リョウマが（1836年に）生まれた〉場所だ。
   S   S'   V'   C V

078 This is the place 〈where Ryoma was born〈in 1836〉〉.
S V   C   S'   V'

訳 ここは〈リョウマが（1836年に）生まれた〉場所だ。
   S   S'   V'   C V

これら3つの例文は、全て同じ訳になります。そして、文法的にどれも
間違っていません。**076** の例文では「in in!? 何!? そんなことあるの!?」

と思ったかもしれません。そのキミの感覚は正しく、ネイティブにとって
も不自然なので、関係代名詞の前に in をもってきた 077 や関係副詞 where
を使った 078 のような英文のほうが自然なわけです。

　077 の例文を見ましょう。前置詞＋関係代名詞は**前置詞の前から〈形容
詞カッコ〉**に入れます。次に、**前置詞＋関係代名詞を省いて考えてみます**。
すると This is the place Ryoma was born in 1836. となり、「ここはリョウ
マが1836年に生まれた場所です」と訳すことができます。ほとんどの場
合、前置詞＋関係代名詞はこの処理で訳すことができてしまいます。

　078 は in which が関係副詞 where に書き換えられただけですね。

構造解説

079 This is the girl 〈for whom he is looking〉.
　S　V　C　　　　　S'　V'
訳 これが〈彼が探している〉女の子だ。
　S　　　S'　　V'　　　C　V

　for whom と前置詞＋関係代名詞が来たので、**前置詞の前から〈形容詞
カッコ〉**に入れます。次に**前置詞＋関係代名詞を省いて考える**と This is the
girl he is looking.「これは彼が見ている女の子です」となります。「彼が見
ている女の子…?」ちょっと違和感がありますね。このように、訳して違和
感があった場合、**節内に前置詞＋先行詞を入れて考えます**。He is looking
for the girl. という形になり、look for「〜を探す」が見えるので、正しく
は「彼が探している女の子」という訳になります。

テーマ3 関係詞の非制限用法の攻略

チェック！

1 コンマ（,）＋関係詞の形は一度切って、適当な接続詞を入れて訳す
2 コンマ（,）の後ろに関係代名詞の that はこない
3 コンマ（,）＋ which は前の一文もしくは一部を先行詞にすることができる

LESSON

次の英文に SVOC、［名詞］〈形容詞〉（副詞）のチェックをし、日本語に訳しなさい。

080 I passed the ball to Tom, who shot it into the goal.

訳 ....

081 She said that she was twenty years old, which was not true.

訳 ....

082 We moved to Tokyo, where we lived for five years.

訳 ....

構造解説

080 I passed the ball (to Tom), 〈who shot it (into the goal)〉.
　　　　S　V　　　O　　　　　　　　　V'　O'

訳 私は（トムに）ボールをパスした。〈そして彼はそれを（ゴールに）決めた〉。
　　　S　　　　　　　　O　　　　　　　　　V　　　　　　　O'
　　　　　　　　　　　　　　　　　　　　　　V'

---

081 She said [that she was twenty years old], 〈which was not true〉.
　S　　V　　　　S'　　V'　　　　　　C'　　　　　　　　　　　　　V'　　C'

　訳 彼女は [20歳だ] と言った。〈しかし、それは真実ではなかった〉。
　　　S　　O　　C'　V'　　　V　　　　　　　　　　　　　C'　　　　V'

082 We moved 〈to Tokyo〉, 〈where we lived 〈for five years〉〉.
　S　　V　　　　　　　　　　　　　　S'　　V'

　訳 私たちは （東京に） 引っ越した。〈そしてそこに （5年間） 住んだ〉。
　　　S　　　　　　　　　　V　　　　　　　　　　　　　　　　　V'

　どの例文もコンマ（ , ）＋関係詞の形になっているので、関係詞の非制限用法です。**直前にコンマがある文末の関係詞節は、コンマで一度切って適当な接続詞を入れて**考えます。

　080 は「私はトムにボールをパスした。（　　　）彼はそれをゴールに決めた」というように、関係詞の前で一度切って空所に適当な接続詞を入れて考えます。今回の例文だと、「そして」が正しい接続詞になりますね。

　081 は「彼女は20歳だと言った。（　　　）それは真実ではなかった」となりますから、接続詞は「しかし」が入ると考えます。ちょっとこの文に出てくる which の先行詞を考えてみましょう。これまでは直前の名詞単体を修飾していましたが、今回は twenty years old 単体を修飾しているわけではなさそうです。「真実ではなかった」のは「彼女が20歳だと言ったこと」全体を指すため、今回の先行詞は前文の内容全てとなります。このように、**コンマ（ , ）＋ which は前の一文もしくは一部を先行詞にすることができる**という特殊な性質を持っています。

　082 の関係副詞の場合も同じく、**直前にコンマがある文末の関係詞節は、コンマで一度切って適当な接続詞を入れて**考えます。「私たちは東京に引っ

157

越した。（　　）私たちは5年間住んだ」という訳になるので、空所に入る接続詞は「そして（そこに）」が入ると考えます。

関係詞の省略を見抜く

チェック！

1　名詞 + SV は関係詞の省略を疑う
2　どの関係詞が省略されているか考える
3　節中が不完全文なら関係代名詞、完全文なら関係副詞が省略されている

LESSON

次の英文に SVOC、［名詞］〈形容詞〉（副詞）のチェックをし、日本語に訳しなさい。

083 This is the point I find difficult to understand.

訳 ....

084 This is the place I wrote the novel.

訳 ....

085 Please tell him the reason I mentioned.

訳 ....

086 This is the reason I came here.

訳 ....

構 造 解 説

083 This is the point ⟨I find difficult (to understand)⟩.

訳 これは〈私が（理解するのを）難しいと思う〉点だ。

084 This is the place ⟨I wrote the novel⟩.

訳 ここは〈私が小説を書いた〉場所だ。

名詞＋SV の形を見たら、瞬時に関係詞が省略されていることを疑いましょう。 今回は the point I find と the place I wrote が名詞＋SV の形になっていますね。名詞の後ろの SV 以降は関係詞が省略された〈形容詞節〉であると考えます。

083 の the point と I find の間に穴埋め問題があると仮定して、何が入るか考えていきます。関係詞の穴埋め問題の手順は、まず節中が完全文か不完全文かを見るのでした。find は5文型 find O C の形で「O が C だと思う」となります。difficult が形容詞のため O になることができず、C になるため、節中は O が抜けている不完全文と判断できます。I find the point difficult だったわけですね。**節中が不完全文なので関係代名詞の何かが空所に入るとわかります。** 続いて、**関係代名詞の場合は、「先行詞が人か人以外か」と「名詞の抜けている箇所が S か O か所有格か」を確認**します。今回は先行詞が the point なので、先行詞が「人以外」で「O の箇所が抜けている」ため which / that が入ると判断します。

084 も the place と I wrote の間に穴埋め問題があると仮定して、何が入るかを考えていきましょう。後ろの節を見ると I wrote the novel と**完全文**になっているため、**関係副詞の何かが入ります。関係副詞の場合は、「先行詞が時 / 場所 / 理由 / 方法のどれであるか」を確認**します。先行詞が the place「場所」なので、where が省略されていると判断します。

構 造 解 説

085 Please tell him the reason ⟨I mentioned⟩.
　V　　O　　　O'　　　　　S'　　V'
　訳 ⟨私が言った⟩ 理由を彼に伝えてください。
　　　S'　V'　　　　　O　　　　O

086 This is the reason ⟨I came (here)⟩.
　S　V　　C　　　　S'　V'
　訳 これが ⟨私が（ここに）来た⟩ 理由だ。
　　　S　　　　　V'　　　　　C　V

　名詞＋SV の形を見たら、瞬時に関係詞が省略されていることを疑います。今回は the reason I mentioned と the reason I came が名詞＋SV の形になっているので、名詞の後ろの SV 以降は関係詞が省略された〈形容詞節〉と考えます。

　続いて、何が省略されているか考えていきますが、どちらの英文も先行詞が the reason なので why が省略されていると考えた人、、、ダメです。深く反省してください。

　085 でまず確認すべきは、**節中が不完全文か完全文であるか**です。mention「～を伝える」は他動詞であるにもかかわらず O がありません。つまり節中が不完全文であるため、関係副詞は入らない。関係代名詞の手順に沿って考えます。今回は先行詞が the reason「人以外」で「O の箇所が抜けている」ため which / that が入ると判断します。

　086 の節中を見ると、come「来る」は「何をやねん！」とツッコめないため自動詞。つまり、名詞の抜けた箇所はなく、完全文です。そのため関係副詞の手順に沿って考えます。先行詞が the reason「理由」なので、why が省略されていると判断することができます。

この間違いが非常に多いからこそ入試によく出ます。必ず手順を守るようにしてくださいね。

テーマ5 関係代名詞whatと従属接続詞that

1 関係代名詞で what だけが唯一［名詞節］となる
2 関係代名詞 what は［名詞節］なので「こと / もの」と訳す
3 関係代名詞 what の後ろは不完全文、従属接続詞 that の後ろは完全文

LESSON

次の英文に SVOC、［名詞]〈形容詞〉(副詞) のチェックをし、日本語に訳しなさい。

087 I can't believe what he said to you.

訳 ....

088 I can't believe that he said that to you.

訳 ....

構造解説

087 I can't believe [what he said (to you)].
　　　 S　　　　V　　　　O' S' V'　　　v'
訳 私は［彼が（あなたに）言ったこと］を信じられない。
　　　　　　S O S'　　　　　　　V'　　　　　　　V

088 I can't believe [that he said that (to you)].
　　　 S　　　　V　　　　O　　S' V' O'　　　v'
訳 私は［彼がそれを（あなたに）言ったこと］を信じられない。
　　　　　S O S'　　O'　　　　　V'　　　　　　V

関係代名詞で唯一［名詞節］となるのが what です。**what は節中が不完全文の［名詞節］を形成し、「こと / もの」と訳します。** 今回の **087** では関係代名詞の what 節が believe の目的語になる［名詞節］として機能しています。そして節中の said は他動詞であるにもかかわらず O がなく、不完全文です。what he said to you で「彼があなたに言ったこと」と訳すのですね。

　これに対して、比較されるのが **088** の従属接続詞の that（● P096）です。従属接続詞の that も［名詞節］を形成するので、穴埋め問題などで what を入れるのか、that を入れるのかが問われます。

　それぞれが穴埋め問題になっていると仮定して、考えてみましょう。

　087 I can't believe （　　　） he said to you.

　088 I can't believe （　　　） he said that to you.

　（　　　）から you までが believe の目的語で［名詞節］となるわけですから、which や where などの〈形容詞節〉となる関係詞の可能性はありえません。そこで［名詞節］を形成する関係代名詞 what か従属接続詞 that だと考えるわけですが、その際に確認するのは、後ろが完全文か不完全文かです。後ろが不完全文になるのが関係代名詞、完全文になるのが従属接続詞なので、**087** に what、**088** に that が入ると判断できるわけです。

テーマ 6　複合関係詞の攻略

チェック！

1 複合関係代名詞は［名詞節］か（副詞節）を形成する
2 複合関係副詞は（副詞節）を形成する
3 それぞれの訳を覚える

LESSON

次の英文に SVOC、［名詞］〈形容詞〉（副詞）のチェックをし、日本語に訳しなさい。

089 You can invite whomever you like.

訳 ....

090 Whoever comes, you must not open the door.

訳 ....

091 Whenever you come, you will be welcomed.

訳 ....

092 You may go home whenever you like.

訳 ....

構造解説

089 You can invite ［whomever you like］.
　　　 S　 V　 　O　 　　　　S'　　V'
訳 あなたは ［好きな人を誰でも］ 招待できる。
　　 S　　　　　　 O　　　　　　V

090 (Whoever comes), you must not open the door.
　　　v'　　　　　　 S 　　　　　　　　　V 　　　　　　O

　訳 (誰が来ようとも)、あなたはそのドアを開けてはならない。
　　　　v'　　　　　　　 S 　　　　　　　　　 O 　　　　　V

　複合関係代名詞は［名詞節］か（副詞節）を形成し、それに伴って訳し方も異なります（➡ **POINT 33** ）。品詞を明確にし、訳を当てはめていきましょう。

　089 の invite「～を招待する」は他動詞なので、whomever 以下は［名詞節］となります。whomever の［名詞節］は「～する人は誰でも」という訳になるので、「あなたが好きな人を誰でも」という訳になります。

　090 はコンマの後の SV が完全文の主節で、whoever のカタマリは（副詞節）だと判断できます。whoever の（副詞節）は「誰が～しようとも」という訳になるので、「誰が来ようとも」という訳になります。

┌─ 構 造 解 説 ─────────────────────────────

091 (Whenever you come), you will be welcomed.
　　　　　　　 S 　　 v'　　　 S 　　　　　　V

　訳 (いつ来ようとも)、あなたは歓迎されるだろう。
　　　　　 v'　　　　　　　 S 　　　　　　　　V

092 You may go (home) (whenever you like).
　　　 S 　　 V 　　　　　　　　　　 S' 　 v'

　訳 (好きなときにいつでも) あなたは (家に) 帰っていい。
　　　　　 v'　　　　　　　　　　 S 　　　　　　 V

└─────────────────────────────────────

　複合関係副詞は、複合関係代名詞と違い［名詞節］にはならず、（副詞節）にしかなりません。 そのため、複合関係詞の wherever, whenever, however が来たら、すぐに（副詞節）のカッコをすれば OK です。

　（副詞節）にしかならないということは一見シンプルですが、意味が複数あるため、品詞のみから訳を確定させることができないということです。

つまり、複合関係副詞節の訳は文脈から判断するしかない。どちらの意味でもいけるような英文もありますが、判断しづらいものは、入試などでもほぼ出題されないので安心してください。

テーマ 7 whenの識別

チェック！

1 when は［名詞節］〈形容詞節〉（副詞節）どれにもなる
2 ［名詞節］になるのは、疑問詞でS・O・C・前置詞のOのとき
3 〈形容詞節〉になるのは、関係副詞で直前に時を表す［先行詞］があるとき
4 （副詞節）になるのは、従属接続詞で文の要素にならないとき

LESSON

次の英文に SVOC、［名詞］〈形容詞〉（副詞）のチェックをし、日本語に訳しなさい。

093 I don't know when he will come here.

訳 ....

094 I don't know the day when he will come.

訳 ....

095 I'll tell him the truth when he comes here tomorrow.

訳 ....

093 I don't know [when he will come (here)].
S V O S' V'

訳 私は [いつ彼が（ここに）来るか] 知らない。
S O S' V' V

094 I don't know the day 〈when he will come〉.
S V O S' V'

訳 私は〈彼が来る〉日を知らない。
S S' V' O V

095 I'll tell him the truth (when he comes (here)
S V O O S' V'

(tomorrow)).

訳 （彼が（明日）（ここに）来たとき）、私は彼に真実を話すつもり
S' V' S O O V

だ。

093 know「〜を知っている」は他動詞なので、後ろは O。つまり、when 節は［名詞節］となります。［名詞節］になる when は疑問詞で「いつ〜か」と訳すのでした。

094 the day を when 〜のカタマリが修飾していると考えます。つまり、when 節は〈形容詞節〉となり、この when は関係副詞だとわかります。先行詞 the day を修飾するように訳せば OK です。

095 I'll tell him the truth. で4文型が完成しており、when 以下が the truth を修飾しているようにも見えません（そもそも when が関係副詞ならば直前に時を表す先行詞がくる）。そこから（副詞節）になる従属接続詞 when だと判断し、「〜とき」と訳します。

要 点 整 理

✓27 関係詞の基本

関係詞
関係代名詞
名詞の抜けた〈形容詞節〉
〈that / who / whom / whose / which〉 ［what］
関係副詞
前置詞＋名詞の抜けた〈形容詞節〉
〈when / where / why / how〉

✓28 前置詞＋関係代名詞

前置詞＋関係代名詞の攻略	
①	前置詞の前から〈形容詞カッコ〉
②	前置詞＋関係代名詞を省いて考える
③	節内に前置詞＋先行詞を入れて考える

✓29 関係詞の非制限用法

関係詞の非制限用法
直前にコンマがある文末の関係詞節は 一度切って適当な接続詞を入れて訳す

✓30 関係詞の省略

名詞 + SV
関係詞の省略

✓③① 関係詞の穴埋め問題の攻略

STEP1	節中が完全文か不完全文か確認する	
不完全文の場合	関係代名詞	
完全文の場合	関係副詞	

STEP2 関係代名詞だった場合は以下を確認する

名詞の抜けた箇所		S	O	所有格
先行詞	人	who that	who(m) that	whose
	人以外	which that	which that	whose

STEP3 関係副詞だった場合は以下を確認する

先行詞	場所	where
	時	when
	理由	why
	（方法）	how

※関係代名詞thatが使われやすい
①特定の修飾語を伴う場合 【特定の一つを表すシリーズ】 the first , the second , the last , the very , the 最上級 , the same , the only など 【「全て」「全く〜ない」シリーズ】 all , every , any , no など
②［人＋人以外］が先行詞
③名詞の抜けている箇所がC

※関係代名詞thatが使えない
①名詞の抜けている箇所が所有格の場合
②前置詞やコンマの後

✓ 32 関係代名詞 what と従属接続詞 that

［関係代名詞what］と［従属接続詞that］	
［what 不完全文］	［that 完全文］

✓ 33 複合関係詞の攻略

複合関係詞		［名詞節］	（副詞節）	
複合関係代名詞	whoever whomever	「～する人は誰でも」	×	「誰が［を / に］～しようとも」
	whichever	「～するものはどれでも」	×	「どれを～しようとも」
	whatever	「～するものは何でも」	×	「何が～しようとも」
複合関係副詞	whenever	×	「～するときはいつでも」	「いつ～しようとも」
	wherever	×	「～する所はどこでも」	「どこで～しようとも」
	however	×	×	「どれほど～しようとも」

✓ 34 when の識別

when節が［名詞節］か〈形容詞節〉か（副詞節）か		
疑問詞 ［when S' V' ～］	S・O・C・前置詞のOになる	「いつ～か」
関係副詞 〈when S' V' ～〉	直前に時を表す先行詞	先行詞を修飾
従属接続詞 （when S' V' ～）	文の要素にならない	「～とき」

赤シートでチェック！

重要事項はコレダケ！

一問一答

動画で暗唱！

01 関係詞は基本的に［名詞節］〈形容詞節〉（副詞節）のどれになる？ 〈形容詞節〉

02 関係代名詞が作るのは？ ［名詞］の抜けた〈形容詞節〉

03 関係代名詞の後ろは完全文か不完全文か？ 不完全文

04 関係代名詞6つは？ 〈that / who / whom / whose / which〉［what］

05 関係副詞が作るのは？ （前置詞＋名詞）の抜けた〈形容詞節〉

06 関係副詞の後ろは完全文か不完全か？ 完全文

07 関係副詞4つは？ 〈when / where / why / how〉

08 前置詞＋関係代名詞はどう処理するか？ ①前置詞の前から〈形容詞カッコ〉を始める ②前置詞＋関係代名詞を省いて考える ③節内に前置詞＋先行詞を入れて考える

09 前にコンマがある関係詞はどう処理するか？ 一度コンマで切って、適当な接続詞を入れる

10 名詞＋SVは？ 関係詞の省略

⑪	関係詞の穴埋め問題を解く3つの手順は?	①節中が不完全文なら関係代名詞、節中が完全文なら関係副詞 ②関係代名詞の場合は、「先行詞が人か人以外か」と「名詞の抜けている箇所がSかOか所有格か」を確認する ③関係副詞の場合は、「先行詞が時 / 場所 / 理由 / 方法のどれであるか」を確認する
⑫	関係代名詞のthatが使われやすい3パターンは?	①特定の修飾語を伴う ②［人＋人以外］が先行詞 ③名詞の抜けている箇所がC
⑬	関係代名詞thatが使えない場所は?	前置詞やコンマ（ , ）の後ろ
⑭	関係代名詞whatは［名詞節］〈形容詞節〉（副詞節）のどれになる?	［名詞節］
⑮	関係代名詞whatと従属接続詞thatの違いは?	whatの後ろは不完全文、thatの後ろは完全文
⑯	複合関係代名詞は［名詞節］〈形容詞節〉（副詞節）のどれになる?	［名詞節］（副詞節）
⑰	複合関係副詞は［名詞節］〈形容詞節〉（副詞節）のどれになる?	（副詞節）
⑱	複合関係代名詞の後ろは完全文か不完全文か?	不完全文
⑲	複合関係副詞の後ろは完全文か不完全文か?	完全文

⑳ when節が［名詞節］になるのは
どんなときで、どう訳す？

S・O・C・前置詞のOになるとき
「いつ〜か」と訳す

㉑ when節が〈形容詞節〉になるの
はどんなときで、どう訳す？

直前に時を表す先行詞があるとき
先行詞を修飾するように訳す

㉒ when節が（副詞節）になるのは
どんなときで、どう訳す？

文の要素にならないとき
「〜とき」と訳す

基本練習

1 次の英文に SVOC、［名詞］〈形容詞〉（副詞）のチェックをし、日本語に訳し、日本語にも SVOC を振りなさい。(2点×23問＝46点)

(1) This is the letter which Ken wrote.

訳 ....

(2) This is the town where I grew up.

訳 ....

(3) I don't have the passion which many people have to win at sports.

訳 ....

(4) This is the place which Ryoma was born in in 1836.

訳 ....

(5) This is the place in which Ryoma was born in 1836.

訳 ....

(6) This is the place where Ryoma was born in 1836.

訳 ....

(7) This is the girl for whom he is looking.

訳 ....

(8) I passed the ball to Tom, who shot it into the goal.

訳 ....

(9) She said that she was twenty years old, which was not true.

訳 ....

(10) We moved to Tokyo, where we lived for five years.

訳 ....

(11) This is the point I find difficult to understand.

訳 ....

(12) This is the place I wrote the novel.

訳 ....

(13) Please tell him the reason I mentioned.

訳

(14) This is the reason I came here.

訳

(15) I can't believe what he said to you.

訳

(16) I can't believe that he said that to you.

訳

(17) You can invite whomever you like.

訳

(18) Whoever comes, you must not open the door.

訳

(19) Whenever you come, you will be welcomed.

訳

(20) You may go home whenever you like.

訳 ....

(21) I don't know when he will come here.

訳 ....

(22) I don't know the day when he will come.

訳 ....

(23) I'll tell him the truth when he comes here tomorrow.

訳 ....

2 次の英文について後の問に答えよ。(2点×27問＝54点)

(1) The cake she baked for the party was so delicious that everyone asked for the recipe.　　　　※ bake ＝「～を焼く」

　1. cake と she の間に省略されている関係詞は何か。that 以外で答えよ。

　　　　　　　　　　　　　　　　..

　2. 主節の V はどれか。

　　　　　　　　　　　　　　　　..

　3. that ～は何節か。

　　　　　　　　　　　　　　　　　　　　　　　　　　　　節
....

(2) However hard the task may be, we'll do our best to complete it.

 1. However から be までは何節か。

               節

 2. to complete it は何句か。

               句

 3. この文を訳せ。

訳

(3) The reason why he was late is that he missed the bus.

 1. 主節の V はどれか。

 2. that は関係代名詞か従属接続詞か。

(4) Wherever she goes, she always brings a book so that she can read it whenever she has free time.

 1. Wherever ～は何節か。

               節

 2. whenever ～は何節か。

               節

 3. この文を訳せ。

訳

(5) What he enjoys is walking in the park to clear his mind after work. ※ clear one's mind =「〜の心を落ち着かせる」

 1. 主節の V はどれか。

 2. walking は進行形、動名詞、分詞、分詞構文のどれか。

 3. to clear 〜は何句か。

               句

(6) I remember the day when we first met and realized that we had so much in common. ※ in common =「共通の」

 1. when は疑問詞、関係副詞、従属接続詞のどれか。

 2. and は何と何をつないでいるか。

         と

 3. that 〜は何節か。

               節

(7) Please speak slowly so that everyone can understand what you're saying.

 1. so that 〜は何節か。

               節

 2. what you're saying は何節か。

               節

(8) She felt relieved when she heard that her daughter had arrived safely at her destination.

※ relieve =「〜を安心させる」 destination =「目的地」

1. この文は何文型か。

文型
----

2. when 〜は何節か。

節
----

3. that 〜は何節か。

節
----

(9) The library I used to study in during my college days was a quiet place to focus on my studies.

※ focus on =「〜に集中する」

1. library と I の間に省略されている関係詞を that 以外で答えよ。

----

2. 主節の V はどれか。

----

3. to focus 〜は何句か。

句
----

(10) The place we stayed during our trip had a pool children could enjoy.

1. place と we の間に省略されている関係詞を that 以外で答えよ。

----

2. pool と children の間に省略されている関係詞を that 以外で答えよ。

SCORE

/100点

5

特殊構文と
美訳の追求

Special constructions
and the pursuit of
beautiful translation

講師　入澤龍之介

授業動画へアクセス

重要知識編

1. 特殊構文と美訳とは

 では特殊構文や美訳について扱います。It 〜 for 人 to V …の構文や倒置、省略などを総称して本書では特殊構文と呼びます。この特殊構文は基本の形から外れたものなので、 Chapter 4 までを完成させていない人は、必ず先に Chapter 4 まで完成させるようにしてください。

2. 仮主語真主語・仮目的語真目的語の構文

英語は主語が長い文を嫌う傾向があります。主語が長くなることを防ぐために、**主語の代わりに it（仮主語）を置いて先に文型を決めてしまい、後から本来の主語（真主語）を置く構文を仮主語真主語構文**といいます。

> **PRACTICE** 次の英文を、仮主語真主語構文を使用して書き換えよ。
>
> ❶ **To study English is important.**
>
> ▶ It is important [to study English].
>   仮S　V　　　　 C　　 真S　(v)　(o)
>   訳 ［英語を勉強すること］は重要だ。
>   真S　　(O)　　　　(V)　　　　　　C　V
>
> ❷ **That you study English is important.**
>
> ▶ It is important [that you study English].
>   仮S　V　　　　 C　　 真S　 S'　 V'　 O'
>   訳 ［あなたが英語を勉強すること］は重要だ。
>   真S　　　　　 O'　　 V'　　　　　　C　V

　It is ～ that S' V' …の形は、この仮主語真主語構文の他にもあるので、識別の仕方を後で取り扱います。ただ、It ～ to V …の形は仮主語真主語構文である可能性が非常に高いので、**It ～ to V …の It はすぐに仮 S を疑う**ようにしましょう。

　英語は主語だけでなく、目的語が長い文も嫌う傾向があります。目的語が長くなることを防ぐために、**目的語の代わりに it（仮目的語）を置いて、後から本来の目的語（真目的語）を置く構文を仮目的語真目的語構文**といいます。

次の英文を、仮目的語真目的語構文を使用して書き換えよ。

❶ I found to study English important.

▶ I found it important [to study English].
  S V 仮O C 真O (V) (O)

  訳 私は［英語を勉強すること］が重要だとわかった。

❷ I found that you study English important.

▶ I found it important [that you study English].
  S V 仮O C 真O S' V' O'

  訳 私は［あなたが英語を勉強すること］が重要だとわかった。

　この形は主節の V が5文型のときによく見られます。したがって、**5文型動詞（find、make など）の直後の it は仮目的語を疑う**ようにしましょう。

※ちなみに I found to study English important. も I found that you study English important. も文法的にありえません。

POINT 35 仮主語真主語・仮目的語真目的語構文

仮主語 真主語	It	V	C	[to V …] [that S' V' …]
	仮S	V	C	真S
It ～ to V … の It は仮S を疑え！				
仮目的語 真目的語	S	V₅	it	C	[to V …] [that S' V' …]
	S	V₅	仮O	C	真O
5文型動詞直後の it は仮O を疑え！				

3. 強調構文

　強調構文とは、その名の通り「何かを強調する」構造の文です。英語では It is ～ that …の形を用いて、**強調したい部分を It is ～ that …の"～"に置きます。** **PRACTICE** で学んでいきましょう。

PRACTICE 次の英文を、It is ～ that …の形を用いて、Tom、Nancy、yesterday をそれぞれ強調した文に書き換えよ。

Tom saw Nancy yesterday.

▸ It was Tom that saw Nancy yesterday.（Tom を強調）

▸ It was Nancy that Tom saw yesterday.（Nancy を強調）

▸ It was yesterday that Tom saw Nancy.（yesterday を強調）

　このように、特に強調したい部分を It is ～ that …の"～"の位置に置くことで際立たせるのが強調構文です。解釈する際は、**この It is / that は元々の文にはない要素だったので、It is と that を消して考える**とうまくいきます。また、訳し方は、**強調されている部分を後ろに持ってきて訳すか、もしくは「こそ / まさに」を付けて訳します。** これも **PRACTICE** を見ていきましょう。

次の英文にSVOC、[名詞]〈形容詞〉(副詞)のチェックをし、日本語に訳しなさい。

❶ It was Tom that saw Nancy yesterday.

▸ It was <u>Tom</u> that <u>saw</u> <u>Nancy</u> (yesterday).
　　　　　S　　　　V　　O

訳1 (昨日)ナンシーを見たのはトムだ。
　　　　　　O　　　V　　S

訳2 トムこそ、(昨日)ナンシーを見た人物だ。
　　　S　　　　　　　O　　　V

❷ It was Nancy that Tom saw yesterday.

▸ It was <u>Nancy</u> that <u>Tom</u> <u>saw</u> (yesterday).
　　　　　O　　　　S　　V

訳1 トムが(昨日)見たのはナンシーだ。
　　　S　　　　　V　　　　O

訳2 ナンシーこそ、(昨日)トムが見た人物だ。
　　　O　　　　　　　S　　V

❸ It was yesterday that Tom saw Nancy.

▸ It was (yesterday) that <u>Tom</u> <u>saw</u> <u>Nancy</u>.
　　　　　　　　　　S　　V　　O

訳1 トムがナンシーを見たのは(昨日)だ。
　　　S　　　O　　　V

訳2 まさに(昨日)、トムがナンシーを見た。
　　　　　　　　S　　　　O　　　V

186

☞ **POINT 36** It is ～ that …の理解

It is ～ that …の理解			
①仮主語 真主語	It　　is 仮S　　V	［名］/〈形〉 C	［that　完全文］ 真S
「［真S］はCだ」と訳す			
②強調構文	~~It~~　~~is~~	［名］/（副）　~~that~~	完全文・不完全文
強調部分を文末に持ってくるか、「こそ / まさに」を付けて訳す			
②はthatの代わりにwhichやwhoを使用することもある			

4. It is ～ that …の識別

　一見同じように見える仮主語真主語構文と強調構文を見分けるための識別方法について学んでいきます。まずは仮主語真主語構文と強調構文を比較して、整理してみましょう。**仮主語真主語構文は It is ～ that …の "～" が C になるので、"～" に入る品詞は［名詞］か〈形容詞〉のみ**。また、**that は従属接続詞なので後ろは必ず完全文**となります。対して、**強調構文は "～" に入る品詞は［名詞］か（副詞）のみ**。また、**［名詞］が強調されている場合は that 以下が不完全文**に見え、**（副詞）が強調されている場合は完全文**に見えます。これらの特性を利用し、2つのステップに分けて識別していきます。

It is 〜 that … の識別			
STEP1 It is 〜 that … の"〜"の部分を見る！			
It is	〈形〉	that …	①仮主語真主語
It is	〈副〉	that …	②強調構文
It is	[名]	that …	**STEP2** へ
STEP2 It is [名] that … の"…"の部分を見る！			
It is	[名] that	完全文	①仮主語真主語
It is	[名] that	不完全文	②強調構文

　まずは **STEP1**。It is 〜 that …の"〜"の品詞を見ます。"〜"の部分に〈形容詞〉が入るのは仮主語真主語のみ。〈副詞〉が入るのは強調構文のみなので、そのまま確定で OK です。[名詞] が入る場合はどちらの可能性もあるので、**STEP2** に進みます。

　STEP2。It is [名] that …の場合は"…"が完全文か不完全文かを見ます。that の後ろが完全文であれば仮主語真主語構文、不完全文なら強調構文です。

5. 倒置と省略

　基本の形から外れた例外的な形。それが倒置や省略です。今からその例外的な形を学んでいきますが、**例外を学ぶためにはまず基本ができている必要があります**。基本通りに英文を解釈していき、突然「あれ？　いつも

と違うぞ…」と違和感を覚えたときに初めて「倒置？　省略かな？」と気づくことができるわけです。

　倒置と省略を学ぶ際に重要なのが、**①倒置や省略にどういうパターンがあるか　②どのように倒置や省略に気づくか**。この2つで、特に②どのように倒置や省略に気づくかが重要です。①は **POINT 38** 、**POINT 39** を覚えていきましょう。②は映像で詳しく解説していきます。

☞ POINT 38 倒置の7パターン

倒置7パターン	
①	**否定語句が文頭** only / never / not only /not until / little
②	**仮定法のif省略** 条件部分倒置でif省略 助動詞の過去形で見抜く
③	**副詞（句）VS**
④	**soVS 「～もそうだ」** **norVS 「～もそうでない」**
⑤	**CVS/CSV** 〈形容詞〉は主語にならない
⑥	**OSV** 一度最初の名詞をSと考えるが文構造が成立しなかった場合OSVを考える
⑦	**SVCO** 5文型動詞直後の〈形容詞〉はSVCOを疑え！

省略5パターン	
①	言わなくてもわかるもの
②	従属接続詞直後のS be
③	従属接続詞that
④	関係詞
⑤	仮定法if

6. 無生物主語の訳し方のパターン

無生物主語とは、生き物ではない無生物が主語となったものです。

PRACTICE 次の英文にSVOC、[名詞]〈形容詞〉(副詞)のチェックをし、日本語に訳しなさい。

The news surprised me.

▶ The news surprised me.
　　S　　　　V　　　 O

[直訳] そのニュースは私を驚かせた。
　　　　 S　　　 O　　 V

[意訳] そのニュースを聞いて私は驚いた。

　このように「そのニュースは私を驚かせた」という無生物主語の文は、
日本語を話す私たちにとって馴染みがないですが、英語ではよく使われま

す。美しい日本語に直すために、無生物主語の訳し方のパターンに沿って訳していきます。まず、**Oが人の場合は、そこを主語として訳します**。今回、Oが人（me）なので、「私は」と主語として訳します。

　続いて、**無生物主語の部分を副詞的に訳します**。「私はそのニュース…驚いた」の"…"の部分に「を聞いて」「によって」「のせいで」などを入れると副詞的に訳せます。最後に文章に合うように**Vを意訳します**。これによって、「そのニュースを聞いて私は驚いた」という訳が完成するわけです。

POINT 40　無生物主語の訳し方

無生物主語の訳し方のパターン	
①	Oが人の場合、主語として訳す
②	無生物主語の部分を 副詞的に（動詞にかかるように）訳す ために、おかげで、よって、せいで　等
③	Vを意訳する

例文演習 編

テーマ
1
仮主語真主語・仮目的語真目的語構文

チェック!

1 英語は長い主語や長い目的語を嫌う
2 It 〜 to V …の It は仮主語を疑う
3 5文型動詞直後の it は仮目的語を疑う

LESSON

次の英文に SVOC、［名詞］〈形容詞〉（副詞）のチェックをし、日本語に訳しなさい。

096 It is difficult to solve these problems.

訳 ....

097 It is difficult for us to solve these problems.

訳 ....

098 It is necessary that you go to her.

訳 ....

099 I found it difficult to solve the problem.

訳 ....

100 I make it a rule to switch off my smartphone when
I'm on the train.

訳 ....

101 I think it important that we do our best.

訳 ....

構 造 解 説

096 It is difficult [to solve these problems].
　　仮S　V　　C　　　真S　　(V)　　　　　(O)
　訳 [これらの問題を解決すること] は難しい。
　　真S　　　(O)　　　　　(V)　　　　　C

097 It is difficult [for us to solve these problems].
　　仮S　V　　C　　　真S　意S　　(V)　　　(O)
　訳 [私たちがこれらの問題を解決すること] は難しい。
　　真S　　意S　　　　(O)　　　(V)　　　　C

It 〜 to V …の It は仮主語を疑います。It はあくまで仮の主語のため訳に
は反映させず、to 以下の真主語を日本語の主語として訳す必要があります。

097 は基本的に **096** と構造が同じですが、ここでは **to solve の意味上の
主語である for us が加えられています**。仮主語真主語構文のときも、基本
通り意味上の主語は不定詞の直前に for 〜の形で置かれます。

構 造 解 説

098 It is necessary [that you go (to her)].
　　仮S　V　　C　　　真S　S'　V'
　訳 [君が（彼女のところに）行くこと] が必要だ。
　　真S　S'　　　　V'　　　　　　C　V

It 〜 that S' V' の形の仮主語真主語構文です。that 以下は真主語なので、[名詞節]となります。この It もあくまで仮の主語であるため訳には反映させず、that 以下の真主語を日本語の主語として訳していく必要があります。

構造解説

099 I found it difficult [to solve the problem].
S　V　仮O　C　　真O　　(V)　　(O)
訳　私は［その問題を解決すること］が難しいとわかった。
　　S　真O　　(O)　　　(V)　　　　C　　　V

100 I make it a rule [to switch off my smartphone (when
S　V　仮O　C　真O　　(V)　　(O)
I'm (on the train))].
S" V"
訳　私は［((電車に) 乗っているときは) スマホの電源を切るこ
　　S　真O　　　　　　　V"　　　　　　(O)　　　　　(V)
　　と］をルールにしている。
　　　C　　　V

　S V₅ it C to V …の仮目的語真目的語構文です。今回の find や make は5文型動詞。**5文型動詞直後の it は仮目的語を疑う**ので、後ろの to 不定詞以下が［名詞句］で真目的語だとわかります。

　ちなみに **100** の to switch から始まるカッコは文末までです。when I'm on the train が何を修飾するかを考えると不定詞句内の switch off にかかると考えられるので、smartphone でカッコを閉じてはいけません。基本的にカッコの外から中のものへは修飾できないからです。このように、英文解釈をしていくとカッコをどこで閉じるかという問題に必ず直面しますが、一つ一つ何を修飾するかを考えて、カッコをどこで閉じるかを判断しましょう。

構造解説

101 I think it important [that we do our best].
　　　　S V₅ 仮O C 真O S' V' O'

　訳 私は、[私たちが最善を尽くすこと] が大切だと思う。
　　　S 真O S' O' V' C V

　S V₅ it C that S' V' …の仮目的語真目的語構文です。今回の think は3文型を取ることが多いですが、ここでは3文型では説明がつかないので5文型と考えます。**5文型動詞直後の it は仮目的語を疑う**ので、後ろの that 節が [名詞節] で真目的語だとわかります。

テーマ

2 強調構文

チェック!

1 強調したい部分を It is ～ that …の "～" 部分に置く
2 強調されている部分を後ろに持ってくるか、
　「こそ / まさに」を付けて訳す
3 "～" の部分に入るのは [名詞] か (副詞)

LESSON

次の英文に SVOC、[名詞]〈形容詞〉(副詞) のチェックをし、日本語に訳しなさい。

102 Tom met Jerry in the park.

　訳 ....

103 It was Tom that met Jerry in the park.

　訳 ....

104 It was Jerry that Tom met in the park.

訳 ....

105 It was in the park that Tom met Jerry.

訳 ....

構造解説

102 Tom met Jerry (in the park).
　　　 S　　V　　 O
訳 トムは（公園で）ジェリーに会った。
　 S　　　　　　　 O　　　 V

103 ~~It was~~ Tom ~~that~~ met Jerry (in the park).
　　　　　　　 S　　　　 V　　 O
訳1 （公園で）ジェリーに会ったのはトムだ。
　　　　　　　　 O　　　 V
訳2 トムこそ（公園で）ジェリーに会った人物だ。
　 S　　　　　　　　　 O　　　 V

104 ~~It was~~ Jerry ~~that~~ Tom met (in the park).
　　　　　　　 O　　　　 S　 V
訳1 トムが（公園で）会ったのはジェリーだ。
　 S　　　　　　　 V　　　　　 O
訳2 ジェリーこそトムが（公園で）会った人物だ。
　 O　　　　　 S　　　　　　 V

105 ~~It was~~ (in the park) ~~that~~ Tom met Jerry.
　　　　　　　　　　　　　　　　 S　 V　 O
訳1 トムがジェリーに会ったのは（公園）だ。
　 S　　 O　　　 V
訳2 まさに（公園で）、トムがジェリーに会ったのだ。
　　　　　　　　　 S　　 O　　 V

---

102 の文にある Tom を強調したのが **103**、Jerry を強調したのが **104**、

196

in the park を強調したのが **105** です。強調構文の It is / that は元々の文にはない要素なので、It is と that を消して処理します。訳では**強調されている部分を後ろに持ってくるか、「こそ / まさに」を付けましょう。**

この形で**強調する**ことができるのは［名詞］と（副詞）のみで、［名詞］を強調する場合は that 以下が不完全文に、（副詞）を強調する場合は that 以下が完全文になります。

 ## テーマ 3 It is 〜 that …の識別

チェック！

1 It is 〜 that …の "〜" が〈形〉なら仮主語真主語構文、（副）なら強調構文

2 It is ［名］that …の "…" が完全文なら仮主語真主語構文

3 It is ［名］that …の "…" が不完全文なら強調構文

LESSON

次の英文に SVOC、［名詞］〈形容詞〉（副詞）のチェックをし、日本語に訳しなさい。

106 It is clear that he is telling a lie.

訳 ....

107 It was at the store that he bought a bike last week.

訳 ....

108 It is my dream that I go to America to study English.

訳 ....

109 It was tennis that he played in the park yesterday.

訳 ....

構 造 解 説

106 It is clear [that he is telling a lie].
　　仮S V C 真S　　　　S' V' O'
　　訳 [彼が嘘をついていること] は明らかだ。
　　　　真S S' O' V' C V

107 It~~was~~ (at the store) ~~that~~ he bought a bike (last week).
　　　　　　　　　　　　　　　　　　　S V O
　　訳1 彼が（先週）自転車を買ったのは、（あの店）だ。
　　　　　S　　　　　　　O
　　訳2 まさに（あの店で）、彼は（先週）自転車を買った。
　　　　　　　　　　　　　　S　　　　　　　O V

It is ～ that が出てきたら、まず "～" の品詞を確認します。clear は〈形
容詞〉なので、仮主語真主語の構文で即決です。 at the store は（副詞句）
なので、強調構文で即決です。

構 造 解 説

108 It is my dream [that I go (to America) (to study
　　仮S V C 真S S' V'　　　　　　　　　 ((v))
English)].
((o))
　　訳 [(英語を勉強するために)（アメリカに）行くの] が私の夢だ。
　　　　真S ((o)) ((v))　　　　　　　　　V' C V

109 It~~was~~ tennis ~~that~~ he played (in the park) (yesterday).
　　　　　　 O　　　　 S V
　　訳1 彼が（昨日）（公園で）したのはテニスだ。
　　　　　S　　　　　　　O
　　訳2 まさにテニスを彼が（昨日）（公園で）したのだ。
　　　　　　　　O　　S　　　　　　　　 V

　どちらも **It is [名詞] that …** の形なので、**that 以降が完全文か不完全文かを見ていかなくてはなりません。** **108** の that 以下を確認すると、go は「何をやねん！」とツッコめない自動詞なので、名詞は抜けておらず完全文。つまり、仮主語真主語構文だとわかります。**109** の that 以下を確認すると、play は「何をやねん！」とツッコめる他動詞なので、名詞が抜けており不完全文。つまり、強調構文だとわかります。

テーマ 4) 倒置

チェック！

1 倒置や省略に気づくには、いつも通りの解釈を正確に行う必要がある
2 通常通りの解釈に当てはまらないときに「倒置か省略かな？」と考える
3 倒置に気づいたら、パターンに当てはめてみる

LESSON

次の英文に SVOC、[名詞]〈形容詞〉（副詞）のチェックをし、日本語に訳しなさい。

110 Only yesterday did I learn that fact.

訳 ....

111 Had you come a little earlier, you could have met her.

訳 ....

112 In the middle of difficulty lies opportunity.

訳 ....

113 You are happy, and so am I.

訳 ....

114 He didn't agree, nor did I.

訳 ....

115 So small was the room that she complained to the owner.

訳 ....

116 Much of what we learn at school we forget in later life.

訳 ....

117 He made known his plan to move to America.

訳 ....

構造解説

110 (Only yesterday) did I learn that fact.
　　　　　　　　　　　　 S　　V　　　 O
訳 （昨日初めて）、私はその事実を知った。
　　　　　　　　　S　　　　 O　　　 V

　まず Only yesterday を（副詞カッコ）に入れると、次の did I learn の語順の違和感に気づきます。通常通りの解釈に当てはまらないので、倒置か省略を疑い、**否定語句 only が文頭にあるから倒置（疑問文の語順）になっ**

ているんだと認識します。（POINT 38「倒置７パターン」の①）

構造解説

111 (Had you come (a little earlier)), you could have met her.
S' V' S V O

訳（もしあなたが（もう少し早く）来ていたなら）、あなたは彼女に会えたのに。
S' V' S O V

文頭にHadがきて、接続詞もないのにＳＶとＳＶがつながっているように見えます。通常通りの解釈に当てはまらないので、倒置か省略を疑い、**文中に助動詞の過去形があることから、仮定法だと見抜きます**。仮定法×倒置のパターンは1つしかなく、仮定法のif省略による倒置が起こっていると考えると、Hadからearlierまでの節を（副詞節）として処理できます。

ちなみに倒置が起こる前の文は、(If you had come (a little earlier)), you could have met her.となります。（POINT 38「倒置７パターン」の②）（POINT 39「省略５パターン」の⑤）

構造解説

112 (In the middle 〈of difficulty〉) lies opportunity.
V S

訳（〈困難の〉中にこそ）機会がある。
S V

文頭が前置詞なので、（副詞カッコ）を始めます。ofが前置詞でthe middleにかかりそうなので〈形容詞カッコ〉を始めます。前置詞の後ろは名詞で、節がくることはないので、difficulty liesはＳＶの関係ではなく、

of difficulty でカタマリは終了。lies が V となります。カッコが付いていない一番初めの名詞が opportunity。これが S だと判断します。(　POINT 38　「倒置7パターン」の③)

構 造 解 説

113 You are happy, and (so) am I.
　　　S　V　　C　　　　　　V　S
訳 君は幸せだし、私もそうだ。
　　S　C　　V　　S　　V

114 He didn't agree, nor did I.
　　　S　　　　V　　　　V　S
訳 彼は賛成しなかった、私もそうしなかった。
　　S　　V　　　　　　S　　V

so と nor の後ろが倒置の語順になっています。これは**so V S（〜もそうだ）/ nor V S（〜もそうでない）**の形と訳を覚えておくだけで OK です。これは**内容一致問題として頻出**で、「私もそうだ＝私も幸せだ」「私もそうしなかった＝私も賛成しなかった」という内容をきちんと捉えられるようにしておきましょう。(　POINT 38　「倒置7パターン」の④)

構 造 解 説

115 (So) small was the room (that she complained (to
　　　　　　C　　　V　　　S　　　　　　S'　　　V'
the owner)).
訳 その部屋が（あまりに）狭かった（ので、彼女は（オーナー
　　S
に）苦情を言った）。
　　　C　V　　　　　　S'
　　　　　　　　　　　　V'

文頭の so は（副詞）。small は **〈形容詞〉なので S になりません**。was が V。the room が一番初めに出てきた［名詞］なので S。すると、small

202

はCだとわかります。元々の文は The room was (so) small (that she complained (to the owner)). だったわけです。so 〜 that …構文にも気をつけながら訳しましょう。（**POINT 38**「倒置 7 パターン」の⑤）

構造解説

116 Much ⟨of [what we learn (at school)]⟩ we forget (in later life).

訳　私たちは（その後の生活で）、〈[私たちが（学校で）習ったこと]の〉多くを忘れる。

　一番初めに出てきた［名詞］Much が S。of から〈形容詞カッコ〉を始めます。関係代名詞 what が前置詞 of の目的語になっていて、we learn 〜と続きます。接続詞なしに S V は連続しないので、we forget の前の school までで of からの〈形容詞カッコ〉を閉じる。すると、we forget という S V が出てきました。このままでは、S S V の形になってしまいます。通常通りの解釈に当てはまらないので、倒置か省略を疑い、修正します。

　今回、forget が「何をやねん！」とツッコめる他動詞であるにもかかわらず、O がないことに気づきます。「私たちが忘れる」のは、「学校で習ったことの多く」であり、ここで Much of what we learn at school が O であると気づきます。結果、OSV の形が見抜けます。（**POINT 38**「倒置 7 パターン」の⑥）

　これは**一番初めの［名詞］が S にならない唯一のパターン**です。最初のように基本に忠実に解釈していくと、Much が S だと一度ミスリードされてしまいますが、それで OK です。というのも、英文を読んでいくときに、常に倒置と省略を意識するのは無理な話だからです。基本に忠実に解釈していった結果、呼吸を乱されたときにだけ、「そういえばこういうパターン

があったよな…」と倒置と省略の引き出しを開けてみるようにしてください。

構 造 解 説

117 He made known his plan ⟨to move ⟨to America⟩⟩.
　　　S　V　C(分詞)　　O　　　　(V)　　　　(v)

訳 彼は ⟨(アメリカに) 引っ越す⟩ 計画を知らせた。
　　S　　　(v)　　　　　　O　　C(分詞) V

He が S、made が V。made known で V にはなりえません。なぜなら、known は Vpp の形であって、known を V とするならば前に be 動詞を伴い受動態にするか、have を伴い完了形にするかしかないからです。通常通りの解釈に当てはまらないので、倒置か省略を疑います。

known は過去分詞です。分詞ということは〈形容詞〉。ここで**5文型動詞直後の〈形容詞〉は SVCO を疑え！**（ POINT 38 「倒置 7 パターン」の⑦）を思い出します。made が5文型動詞なので、known が C、his plan を O と考えると、「彼の計画」＝「知らせる」の関係だとわかって SVCO を見抜くことができます。

ここでは O のカタマリである his plan to move to America が長く、V と C が離れるとわかりにくいので倒置が起こっています。

テーマ5 省略

チェック!

1 倒置や省略に気づくには、いつも通りの解釈を正確に行う必要がある
2 通常通りの解釈に当てはまらないときに「倒置か省略かな?」と考える
3 省略に気づいたら、パターンに当てはめてみる

LESSON

次の英文に SVOC、[名詞]〈形容詞〉(副詞) のチェックをし、日本語に訳しなさい。

118 The girls were brave, but the boys were not.

訳 ....

119 I like dogs, and my sister cats.

訳 ....

120 You need not go if you don't want to.

訳 ....

121 She bought the camera while in Japan.

訳 ....

122 My father hopes I will be a teacher.

訳 ....

123 I'm glad he passed the exam.

訳 ....

124 The girl is so kind I want to do something for her.

訳 ....

125 The bag she has is very good.

訳 ....

構造解説

118 The girls were brave, but the boys were not.
　　　 S　　　 V　　 C　　　　 S　　　 V
訳 女の子たちは勇敢だったが、男の子たちは勇敢ではなかった。
　　 S　　 C　 V　　　　　　　 S　　 C　　 V
元の文：The girls were brave, but the boys were not brave.
　　　　 S　　 V　　 C　　　　 S　　 V　　　 C

119 I like dogs, and my sister cats.
　 S V　 O　　　 S　　 O
訳 私は犬が好きで、妹は猫が好きだ。
　 S　 O　 V　　 S　 O　 V
元の文：I like dogs, and my sister likes cats.
　　　　 S V　 O　　　 S　　　 V　 O

120 You need not go (if you don't want to).
　　　 S　 V　　　　 S'　 V'
訳 (あなたが行きたくないならば)、あなたは行かなくてもよい。
　　 S'　　 V'　　　　　　　 S　　 V
元の文：You need not go (if you don't want [to go]).
　　　　 S　　 V　　　 S'　　 V'　 O'

どれも接続詞の後ろの構造が基本と異なります。通常通りの解釈に当て

206

はまらないので、倒置か省略を疑い、接続詞の前後で**言わなくてもわかるから省略が起こっている**ことに気づきます。（ POINT 39 「省略 5 パターン」の①）

118 は後半の C がありません。等位接続詞の前の C は brave です。2度同じことを言わなくてもわかるために省略されているのは、brave であるとわかります。同様に、**119** は後半の V がなく、等位接続詞の前の like がそこに省略されているとわかります。**120** も不定詞の後の動詞の原形が省略されているので、前に出てきた動詞の原形 go が省略されているとわかります。

構 造 解 説

121 She bought the camera （while （in Japan））.
　　　S　V　　　O
　訳 （（日本に）いる間に）、彼女はそのカメラを買った。
　元の文：She bought the camera （while she was （in Japan））.
　　　　　S　　V　　　O　　　　　　S'　V'

while は従属接続詞なのにもかかわらず、後ろに S' V' がありません。通常通りの解釈に当てはまらないので、倒置か省略を疑い、 POINT 39 「省略の 5 パターン」の②だと気づきます。省略されているのは S'（主節の主語と一致）と be 動詞なので、she was です。

構 造 解 説

122 My father hopes [I will be a teacher].
　　　S　　V　　O　S'　V'　　C'
　訳 父は［私が教師になること］を望んでいる。
　　　S　　O　S'　C'　V'
　元の文：My father hopes [that I will be a teacher].
　　　　　S　　V　　O　　S'　V'　　C'

このパターンの省略は頻出なので、**S V S V の形を見たら that の省略**と

シンプルに考えましょう。ちなみに、**思考や発言を表す動詞（say、tell、think、suppose、hope、remember、know、wish など）の後に that の省略が起こりやすい**です。（ POINT 39 「省略5パターン」の③）

構造解説

123 I'm glad (he passed the exam).
〈S' V' C' / S' V' O'〉
訳 （彼がその試験に受かって）、私は嬉しい。

元の文：I'm glad (that he passed the exam).
〈S' V' O' / V' S' V' O'〉

124 The girl is (so) kind (I want [to do something (for her)]).
〈S V C / S' V' O' ((V)) ((O))〉

訳 その少女は（とても）親切なので、（私は［（彼女のために）何かをして］あげたい）。
〈S V S' O'〉

元の文：The girl is (so) kind (that I want [to do something (for her)]).
〈V / S V C / S' V' O' ((V)) ((O))〉

これらも従属接続詞 that の省略です。（副詞節）の that も省略することができます。that 節が（副詞節）になるのは前に感情や判断が書かれているときや、so that 構文のときでした。（⊙ P100）**感情や判断の後に SV が続いている場合や、so［such］〜の後に SV が続いた場合は that が省略されている**と考えましょう。（ POINT 39 「省略5パターン」の③）

構造解説

125 The bag ⟨she has⟩ is (very) good.
　　　S　　　S' V'　 V　　　　 C

訳 ⟨彼女が持っている⟩鞄は（とても）良い。

元の文：The bag ⟨which / that she has⟩ is (very) good.
　　　　　　S　　　　　　　　　 S' V'　 V　 (very) C

　これは **Chapter 4** で取り扱った関係詞の省略です。**名詞＋SV は関係詞の省略**だと気づけるようにしておきましょう。（**POINT 39** 「省略 5 パターン」の④）

　パターンの⑤の仮定法 if の省略は倒置の **111**（➡ P201）でも取り扱ったので、割愛します。

テーマ 6 無生物主語の訳し方のパターン

チェック！
1 O が人の場合、主語として訳す
2 無生物主語の部分を副詞的に訳す
3 V を意訳する

LESSON

次の英文に SVOC、[名詞]〈形容詞〉（副詞）のチェックをし、日本語に訳しなさい。

126 The news made me happy.

訳 ⋯⋯⋯⋯⋯⋯⋯⋯⋯⋯⋯⋯⋯⋯⋯⋯⋯⋯⋯⋯⋯⋯⋯⋯⋯⋯⋯⋯⋯⋯

127 A ten-minute walk will get you to the station.

訳 ....

128 His sudden appearance surprised us.

訳 ....

構造解説

126 The news made me happy.
　　　 S　　V₄　　O　　C

直訳 そのニュースは私を幸せにした。
　　　　S　　　　　O　　　　C　　V

意訳 そのニュースのおかげで、私は幸せになった。

127 A ten-minute walk will get you (to the station).
　　　 S　　　　　　　　　　V　　O　　　　　　　

直訳 10分の徒歩はあなたを（駅へ）連れて行くだろう。
　　　　S　　　　　　O　　　　　　　　　V

意訳 10分歩けば、あなたは駅に着くだろう。

　長文中に無生物主語を見つけても、美しく訳す必要はありません。「その
ニュースは私を幸せにした」でも文意は取れるからです。ただ英文和訳な
どで美しく訳さなければならない場合のみ、以下の処理を行いましょう。
まず O の箇所が人であれば主語として訳し、無生物主語の部分を副詞的に
訳し、最後に V を意訳すれば OK です。

構 造 解 説

128 His sudden appearance surprised us.

直訳 彼の突然の出現は私たちを驚かせた。

意訳1 彼の突然の出現のせいで、私たちは驚いた。

意訳2 彼が突然現れたから、私たちは驚いた。

　こちらも無生物主語なので O の箇所を主語として訳し、無生物主語の部分を副詞的に訳し、V を意訳します。ただそれだと、「 意訳1 彼の突然の出現のせいで、私たちは驚いた。」になってしまい、まだ日本語としては違和感が残ります。

　ここで、主語になっている His sudden appearance に注目しましょう。この [名詞] のカタマリは元々、he (suddenly) appeared という一文でした。この一文を主語として使いたいがために、一文をわざわざ名詞化した構文、これを名詞構文といいます。この名詞構文に気づき、元の文がイメージできると「 意訳2 彼が突然現れたから、私たちは驚いた。」という日本語訳が導き出せます。この名詞構文は難易度が高いので本書では詳しく取り扱いません。志望校が最難関大学で、英文和訳の問題が出題される大学を受験する場合のみ、後々学習していけば OK です。

要点整理

✔35 仮主語真主語・仮目的語真目的語構文

仮主語 真主語	It	V	C	[to V …] [that S' V' …]
	仮S	V	C	真S

It 〜 to V … のItは仮Sを疑え！

仮目的語 真目的語	S	V_5	it	C	[to V …] [that S' V' …]
	S	V_5	仮O	C	真O

5文型動詞直後のitは仮Oを疑え！

✔36 It is 〜 that …の理解

It is 〜 that …の理解				
① 仮主語 真主語	It	is	［名］/〈形〉	［that 完全文］
	仮S	V	C	真S

「［真S］はCだ」と訳す

②強調構文	~~It~~	~~is~~	［名］/（副）	~~that~~	完全文・不完全文

強調部分を文末に持ってくるか、「こそ / まさに」を付けて訳す

②はthatの代わりにwhichやwhoを使用することもある

212

✓③⑦ It is ～ that …の識別

It is ～ that … の識別		
STEP1　It is ～ that … の"～"の部分を見る！		
It is	〈形〉　　that …	①仮主語真主語
It is	(副)　　that …	②強調構文
It is	[名]　　that …	**STEP2** へ
STEP2　It is [名] that … の"…"の部分を見る！		
It is　[名]　that　完全文		①仮主語真主語
It is　[名]　that　不完全文		②強調構文

✓③⑧ 倒置の7パターン

倒置7パターン	
①	**否定語句が文頭** only / never / not only /not until / little
②	**仮定法のif省略** 条件部分倒置でif省略 助動詞の過去形で見抜く
③	**副詞（句）VS**
④	**soVS 「～もそうだ」** **norVS 「～もそうでない」**
⑤	**CVS / CSV** 〈形容詞〉は主語にならない
⑥	**OSV** 一度最初の名詞をSと考えるが文構造が成立しなかった場合OSVを考える
⑦	**SVCO** 5文型動詞直後の〈形容詞〉はSVCOを疑え！

✓39 省略の5パターン

	省略5パターン
①	言わなくてもわかるもの
②	従属接続詞直後のS be
③	従属接続詞that
④	関係詞
⑤	仮定法if

✓40 無生物主語の訳し方

	無生物主語の訳し方のパターン
①	Oが人の場合、主語として訳す
②	無生物主語の部分を 副詞的に（動詞にかかるように）訳す ために、おかげで、よって、せいで　等
③	Vを意訳する

赤シートで
チェック！

重要事項はコレダケ！

一問一答

動画で暗唱！

01	It 〜 to V …のItは何を疑う？	仮主語
02	5文型動詞直後のitは何を疑う？	仮目的語
03	It is 〜 that … の識別は？	It is〈形容詞〉that … であれば仮主語真主語
		It is（副詞）that … であれば強調構文
		It is［名詞］that 完全文であれば仮主語真主語
		It is［名詞］that 不完全文であれば強調構文
04	強調構文はどのように訳すか？	強調部分を後ろに持ってくるか、「こそ / まさに」を付けて訳す
05	倒置の7パターンは？	①否定語句が文頭 ②仮定法のif省略 ③副詞（句）V S ④so V S / nor V S ⑤C V S / C S V ⑥O S V ⑦S V C O
06	省略の5パターンは？	①言わなくてもわかるもの ②従属接続詞直後のS be ③従属接続詞that ④関係詞 ⑤仮定法if
07	無生物主語の訳し方は？	①Oが人の場合、主語として訳す ②無生物主語は副詞的に訳す ③Vを意訳する

1 次の英文に SVOC、[名詞]〈形容詞〉（副詞）のチェックをし、日本語に訳し、日本語にも SVOC を振りなさい。（2点×33問＝66点）

(1) It is difficult to solve these problems.

訳 ....

(2) It is difficult for us to solve these problems.

訳 ....

(3) It is necessary that you go to her.

訳 ....

(4) I found it difficult to solve the problem.

訳 ....

(5) I make it a rule to switch off my smartphone when I'm on the train.

訳 ....

(6) I think it important that we do our best.

訳 ....

(7) Tom met Jerry in the park.

訳 ....

(8) It was Tom that met Jerry in the park.

訳 ....

(9) It was Jerry that Tom met in the park.

訳 ....

(10) It was in the park that Tom met Jerry.

訳 ....

(11) It is clear that he is telling a lie.

訳 ....

(12) It was at the store that he bought a bike last week.

訳 ....

(13) It is my dream that I go to America to study English.

訳 ....

(14) It was tennis that he played in the park yesterday.

訳 ....

(15) Only yesterday did I learn that fact.

訳 ....

(16) Had you come a little earlier, you could have met her.

訳 ....

(17) In the middle of difficulty lies opportunity.

訳 ....

(18) You are happy, and so am I.

訳 ....

(19) He didn't agree, nor did I.

訳 ....

(20) So small was the room that she complained to the owner.

訳 ....

(21) Much of what we learn at school we forget in later life.

訳 ....

(22) He made known his plan to move to America.

訳 ....

(23) The girls were brave, but the boys were not.

訳 ....

(24) I like dogs, and my sister cats.

訳 ....

(25) You need not go if you don't want to.

訳 ....

(26) She bought the camera while in Japan.

訳 ....

(27) My father hopes I will be a teacher.

訳 ....

(28) I'm glad he passed the exam.

訳 ....

(29) The girl is so kind I want to do something for her.

訳 ....

(30) The bag she has is very good.

訳 ....

(31) The news made me happy.

訳 ....

(32) A ten-minute walk will get you to the station.

訳 ....

(33) His sudden appearance surprised us.

訳 ....

(1) These shoes she bought just last week.

この文の主語はどれか。

----

(2) Little did I know that this decision would change my
life forever.　　　　　　　　　　　　※ decision＝「決断」

この文はなぜ倒置が起こっているのか。

----

(3) It is the education and opportunities provided by our
teachers that shape our future.　　※ provide＝「〜を提供する」

主節の動詞はどれか。

----

(4) At the entrance of the museum waited a group of excited
students.

主節の主語はどれか。

----

(5) It is the experiences we share with friends and family that often make life more meaningful.

※ meaningful ＝「意義深い」

主節の動詞はどれか。

-----

(6) I can't play the guitar, nor can I play the piano.

私はピアノが弾けるのか、弾けないのか。

-----

(7) It is true that our actions today greatly influence the outcomes of our future.

※ outcome ＝「結果」

主節の動詞はどれか。

-----

(8) I make it a rule not to say my opinion in front of my boss.

not to ～は何句になるか。

句

-----

(9) Though very tired, she studied English hard.

Though と very の間に省略されている語句は何か。

-----

(10) Had they known about the storm, they would have postponed the trip.　　　　　※ postpone =「～を延期する」

主節の動詞はどれか。

----

(11) Delicious was the meal we had last night.

主節の主語はどれか。

----

(12) It is the teachers who inspire and motivate students that have a lasting impact on their students' lives.

※ inspire =「～を触発する」　motivate =「～を奮起させる」　lasting =「長く続く」
impact =「影響」

主節の動詞はどれか。

----

(13) It is the kindness and support which our friends showed us during difficult times that we will never forget.

※ kindness =「親切」　support =「支援」

主節の動詞はどれか。

----

(14) He gave me some apples and she some bananas.

she と some の間に省略されている語句は何か。

----

(15) It is important to communicate effectively in both personal and professional situations.

※ effectively ＝「効果的に」　professional situation ＝「職場」

主節の動詞はどれか。

----

(16) He would have better teeth had he eaten sensibly when a child.

had からは何節になるか。

節

----

(17) So kind was she that everyone liked her.

主節の主語はどれか。

SCORE

／100点

225

この本を読み終えたキミに

　最後までついてきてくれてありがとう。本当にここまでよく頑張りました！
　本書のテーマである英文解釈の勉強は英語全体の勉強の一部分に過ぎません。ここでは、本書を読み終えた皆さんに英語の勉強のおおまかな流れをお伝えして、具体的にこの先どういった勉強法で英語の勉強を進めていくべきなのかを教えます。

初見の英語長文をスラスラ読めるようにするために

　英語の学習にはさまざまありますが、初見の英語長文をスラスラ読めるようにするためには次の5つの手順で進めるのがよいでしょう。

　①英単語を覚える
　②英文解釈を通して英文の構造を理解する
　③英文法を習得する
　④英熟語を覚える
　⑤長文読解を通して文章の読み解き方を学ぶ

　手順とは言っても、「①が終わったら②を、②が終わったら③を」と順番に進めていくわけではなく、「①②の簡単なレベルを押さえれば、③④に効率よく取り組むことができて、①②③④がある程度まで進むと⑤が徐々にできるようになってくる」というような感じです。以下に、それぞれの勉強法の解説と、おすすめの参考書を紹介します。

①英単語を覚える

　英語の基本はなんといっても英単語です。受験英語は間違いなくこれが一番大事。まず、中学レベルの単語が怪しい場合は、大至急終わらせてください。次に高校レベルの単語に関してですが、これはできれば本書と同時並行で覚えてほしいです。中堅私大レベル（共通テスト、英検２級レベル）、つまり2000語レベルの頻度順英単語帳で前半の1200〜1500語程度を本書と同時に覚えるこ

とが理想です。難関大（難関私大、上位国公立）志望者は、本書の後に2000語レベルの頻度順英単語帳を1冊完璧になるように覚えていきます。最難関大（英検準1級、最難関私大、トップ国公立）志望者は、英検準1級レベルの2冊目の単語帳を追加で覚えることを勧めます。

マナビズムおすすめ！　英単語帳	
中学〜標準レベル （共通テスト、英検2級、中堅私大、地方国公立レベル）	『システム英単語 Basic』(駿台文庫) ※中学〜中堅私大レベル
高校基礎〜難関大レベル （難関私大、上位国公立レベル）	『システム英単語』(駿台文庫)
最難関レベル（2冊目） （英検準1級、最難関私大、トップ国公立レベル）	『出る順で最短合格！英検準1級単熟語EX』 (ジャパンタイムズ出版)

②英文解釈を通して英文の構造を理解する

　本書はこの「②英文解釈を通して英文の構造を理解する」ことを扱っています。実は、**本書のミニブックに書いてあるルールをきちんと運用することができれば、難関大（難関私大、上位国公立）レベルなら合格点が取れる解釈力が身につきます**。とはいえ、本書を1周終えただけでは、ルールが理解できていても使いこなせるようにはなっていないはず。使いこなせるようになるための近道として、英語長文の演習書で本文の全てにSVOCを振る訓練をすることをおすすめします。英文解釈力を上げるために、何冊も英文解釈の参考書を追加していくことを僕は勧めません。それよりも長文の英文全てにSVOCのチェックをしながら、訳と照らし合わせて勉強するほうがよっぽど有意義だと考えます。

　英文解釈の演習が足りない場合に備えて、**本書にはダウンロードコンテンツとして、演習プリントを用意しています。**（ダウンロードは動画ページの概要欄またはコメント欄のURLを確認して下さい）それでもなお演習が足りない、まだもう1冊やりたいと言うなら、本書の基本練習の得点に合わせて、1冊追加してもいいでしょう。

　最難関大（最難関私大、トップ国公立）で、過去問に難しい英文和訳が出ているような大学を志望する場合は、もう1冊、難しい英文解釈の参考書を追加

することを勧めます。

マナビズムおすすめ!	英文解釈の参考書
本書の基本練習で毎回80点未満	『大学入試はじめの英文読解ドリル』(旺文社)
本書の基本練習で毎回80点以上	『入門英文問題精講』(旺文社)
最難関レベル(2冊目)(英検準1級、最難関私大、トップ国公立レベル)	『ポレポレ英文読解プロセス50』(代々木ライブラリー)

③英文法を習得する

英文法に関しては、本書の姉妹本である『ダイジュ先生のたった10時間で英文法』(Gakkenから7月下旬発刊予定)を仕上げてくれれば、問題ありません。この本を仕上げた後に4択問題集でアウトプットを行い、その後ランダム演習をしていきましょう。

マナビズムおすすめ!	英文法の参考書
英文法インプット	『ダイジュ先生のたった10時間で英文法』(Gakken)(7月下旬発刊予定)
英文法アウトプット[1]網羅系(文法単元ごとの問題演習)	『Dual Effect 英文法・語法』(河合出版)
英文法アウトプット[2]ランダム演習(全単元の問題演習)	『竹岡の英文法・語法ULTIMATE究極の600題』(Gakken)
最難関大レベル(細かい知識・独自の出題形式の対策)	『大学入試問題集 関正生の英文法ファイナル演習ポラリス3 発展レベル』(KADOKAWA)

④英熟語を覚える

英熟語は英単語が自分の志望校レベルに到達した後に始めることを勧めます。英熟語よりも英単語のほうがよっぽど重要だからです。熟語に関しては、英単語・英文解釈・基礎的な読解が終わっていることを前提として、文章内でニュ

アンスをつかみながら覚えていくのが最も効率的です。そのため、マナビズムでは『速読英熟語』(Z会) をおすすめしています。詳しくは後述しますが、英語の長文が読めるようになるためには絶対的な演習量が必要で、この本はその演習量を確保するためのものとして優秀だからです。

　最難関大の場合のみ少し細かい熟語が出てくるので、『大学入試 英熟語 最前線 1515 イディオム + 比喩・ことわざ・口語表現』(研究社) を1冊仕上げるのがよいでしょう。

マナビズムおすすめ！　熟語帳	
高校基礎〜難関大・トップ国公立レベル	『速読英熟語 改訂版』(Z会)
高校基礎〜最難関大レベル	『大学入試 英熟語 最前線1515 イディオム+比喩・ことわざ・口語表現』(研究社)

⑤長文読解を通して文章の読み解き方を学ぶ

　多くの受験生にとって時間は限られているため、**文章の読み解き方は長文問題集の実践の中で身につけていくのが一番だと思います**。基礎レベルから志望校のレベルまで、段階的に参考書のレベルを上げていくようにしましょう。これまでの講師経験の中で、中堅私大レベルで100〜150題、難関私大・上位国公立レベルで150〜200題、最難関私大・トップ国公立レベルで200〜250題程度こなせば、入試問題で戦える状態になると感じています。前述の『速読英熟語』内の長文で60題分を稼ぐとして、約40〜190題を他の参考書や過去問で補うという形になります。具体的なおすすめ参考書は次のページに記載しています。ただし、やみくもに量をこなせばいいというわけではなく、**この演習を通して読み解き方を習得する必要があるため、実力がつくように題数をこなさなければ意味がありません**。ここから具体的に、実力がつく英語長文の勉強法（特に復習方法）を紹介していきます。

　まず勉強初期の頃は解答時間を気にせずに、しっかりと本文を読み、丁寧に問題を解いていきましょう。（時間を気にするのは中盤から直前期で OK です）問題を解き終わったら、〇×だけをつけてください。正答はその時に書き込まないようにします。そのまま、問題解説を見ずに、本文の全訳や構造解説のペー

ジに飛び、**自分が解いた問題の本文全てに SVOC を振って本文の復習をしていきます**。本文に SVOC を振っていく途中で、問題も解き直します。この作業が終わったら、改めて〇×をつけて、ようやく正答を書き込みます（訳を見ているわけですから、この時点でほとんど正解していると思います）。**問題解説を見る前に、解説にどのようなことが書かれているかを自分で予想し、最後の最後に解説を読んで自分の予想と合っているかを確認します**（ここまでやると、おおよそ英語長文の演習時間の3〜6倍程度の時間がかかります）。このやり方で30題程度繰り返せば、恐ろしいほど実力がついていることを実感できるでしょう。

　最後に英語長文の音読について。これは、講師の間でも意見が分かれるところなのですが、僕の意見を書いておきます。結論から言うと、「英語長文を早く読むために」という目的の音読は全員には勧めていません。というのも、お恥ずかしい話、僕が音読の効果を実際に感じられるようになったのは、大学受験を終えて講師として音読するようになってからです。高校生の時は「とりあえず先生が言っているからやっているけど、本当に意味あるのかな？」と思いながら半信半疑でやっていました。あの時の音読は本当に意味がなかったと思います。だからと言って、「音読は無駄だ」なんて切り捨てるつもりはないのですが、正直、高校生万人にとって有効性の高い勉強法だとは思っていません。実際、あの頃の僕には合っていませんでした。ただこればっかりは、自分に合っているか合っていないかがかなり分かれる部分なので、自分が音読に意味や目的を感じられるならやる、感じられないなら無理にやらなくてもいいというのが僕の意見です。

大学入試標準〜難関	『得点力を高める 標準問題 特訓リーディング』(旺文社)	30題
	『大学入試英語長文プラス頻出テーマ10トレーニング問題集』(旺文社)	10題
	『竹岡の英語長文SUPREMACY至高の20題』(Gakken)	20題
大学入試最難関	『登木健司 難関大英語長文講義の実況中継【早慶上智・関関同立・MARCHレベル】』(語学春秋社)	11題
	『改訂版 世界一わかりやすい 早稲田/慶応の英語 合格講座 人気大学過去問シリーズ』(KADOKAWA)	
	『青本(大学入試完全対策シリーズ)』(駿台文庫)	
国公立記述対策	『大学入試 英語長文プラス 記述式トレーニング問題集』(旺文社)	10題
	『SPEED攻略10日間 英語 長文読解 国公立大編』(Z会)	10題
トップ国公立対策	『登木健司 難関大英語長文講義の実況中継(2)国公立大学編』(語学春秋社)	9題

　もちろん、これら参考書を必ず買ってやるようにと指示しているわけではありません。塾や予備校に所属している人、独学で受験を突破しようとしている人、状況は人によってさまざまで、ひとりひとりの受験戦略があるでしょう。何が課題で、その課題を解決するにはどの選択肢が良いのかを考え、どれをやってどれをやらないかを決めてください。あくまでも1つの指針として、本書を買ってくれた受験生たちにこのあとがきを捧げます。

著者　八澤龍之介

八澤龍之介　YAZAWA RYUNOSUKE

株式会社mooble代表取締役社長・難関私大専門塾マナビズム代表。高校3年生のときに「人の夢を叶える人になる」ことを自分の人生のテーマに決め、起業家になることを決意。関西大学法学部在学中にアルバイトを掛け持ちして資金を貯め、19歳で学習塾FCとして独立。22歳でFCから脱退し、オリジナルブランドの学習塾である「マナビズム」を立ち上げる。教育系YouTuberとしても活動しており、これまで2000名以上を難関大に合格させてきたノウハウや勉強法を受験生に発信している。チャンネル登録者は4.8万人以上。これが認められ、様々な有名大学のオープンキャンパスで講演や受験対策講座を請け負っている。

※プロフィールは発刊時(2024年7月)のものです

八澤の
たった7時間で英文解釈

STAFF

ブックデザイン	新井大輔　中島里夏（装幀新井）
イラスト	やまねりょうこ　くにともゆかり
企画編集	髙橋龍之助（学研）
編集協力	日本アイアール株式会社
校正	土屋檀　山田遥陽　中原一徳
英文校閲	Christopher Clyne
映像編集	栗山湧
販売担当	永峰威世紀（学研）
データ作成	株式会社 四国写研
印刷	株式会社 リーブルテック

読 者 ア ン ケ ー ト ご 協 力 の お 願 い

この度は弊社商品をお買い上げいただき、誠にありがとうございます。本書に関するアンケートにご協力ください。右のQRコードから、アンケートフォームにアクセスすることができます。ご協力いただいた方のなかから抽選でギフト券(500円分)をプレゼントさせていただきます。

アンケート番号　305819　※アンケートは予告なく終了する場合がございます。

大学受験ムビスタシリーズ

受験に必要な各科目の要点を1冊で総整理。
人気講師による「超」がつくほど面白くてわかりやすい授業動画が全章に付いて、
自宅にいながら高校3年間の学習をスピード攻略できます。

- **八澤のたった6時間で古典文法**
  八澤龍之介 著　価格1,650円（税込）

- **八澤のたった7時間で英文解釈**
  八澤龍之介 著　価格1,870円（税込）

- **宗のたった4時間で現代文**
  ＊2024年夏発売予定
  宗慶二 著　価格1,870円（税込）

- **岡本のたった3時間で漢文句法**
  岡本梨奈 著　価格1,925円（税込）

- **八澤のたった3時間で古文読解**
  ＊2024年夏発売予定
  八澤龍之介 著　価格1,760円（税込）

- **ダイジュ先生のたった10時間で英文法**
  ＊2024年夏発売予定
  ダイジュ先生 著　価格1,925円（税込）

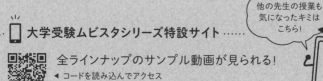

📱 **大学受験ムビスタシリーズ特設サイト** ……

他の先生の授業も
気になったキミは
こちら！

全ラインナップのサンプル動画が見られる！

◀ コードを読み込んでアクセス
（URL：https://gakken-ep.jp/extra/mubisuta_series/）

大学受験
ムビスタ
MOVIE × STUDY

八澤のたった7時間で英文解釈

別冊

解答解説

1 (1) The old house stands (at the top ⟨of the mountain⟩).
　　　　 S　　　　　　 V　　　　　　　　　　　　　　

　　訳 その古い家は ⟨山の⟩ 頂上に) 立っている。
　　　　 S　　　　　　　　　　　 V

(2) (There) are a lot of flowers (in the garden).
　　　　　 V　　 S　　　　　　　　　　

　　訳 たくさんの花が (庭に) ある。
　　　　 S　　　　　　　 V

(3) (At the top ⟨of the mountain⟩) stands the old house.
　　　　　　　　　　　　　　　　　 V　　 S

　　訳 その古い家は (⟨山の⟩ 頂上に) 立っている。
　　　　 S　　　　　　　　　　　 V

(4) He wanted [to go (home) and watch TV].
　　 S　 V　　 (V)　　　　　　 (V)　 (O)

　　訳 彼は (家に) 帰って、テレビを見たかった。
　　　 S　　　 (O)　 (V)　　 (O) (V)

(5) She wanted [to enter college], and studied (hard).
　　 S　 V　　 (V)　 (O)　　　　　　 V

　　訳 彼女は大学に入りたかった。そして、(一生懸命) 勉強した。
　　　 S　　　 (O)　 (V)　　　　　　　　　　　　 V

(6) I will prepare, and (someday) my chance will come.
　 S　 V　　　　　　　　　　　 S　　　　 V

　　訳 私は準備しよう。そして、(いつか) チャンスはやってくる。
　　　 S　　　 V　　　　　　　　　　 S　　　　 V

(7) (When I was walking (along the street)), I met Yuki.
　　　　 S'　 V'　　　　　　　　　　 S　 V　 O

　　訳 (私が (通りに沿って) 歩いていたとき)、私はユキに会った。
　　　　 S'　　　　　　　 V'　　　　　　 S　 O　 V

(8) (Before we leave), we are going to have lunch.
　　　　 S'　 V'　　 S　　　　　　 V　　 O

　　訳 (出発する前に)、私たちは昼食を食べるつもりだ。
　　　　 V'　　　　 S　　 O　 V

(9) Please wait (until I come back).
　　 V　　　　 S'　 V'

　　訳 (私が帰ってくるまで)、待っていてください。
　　　 S'　 V'　　　　　　 V

　※ Please と back は正確には (副詞) のため (丸カッコ) に入れてもよい。

(10) We don't realize the value ⟨of health⟩ (until we lose it).
S V O S' V' O'

直訳 （健康を失うまで）、私たちは〈健康の〉価値に気づかない。
O' V' S O V

意訳 健康を失って初めて、その価値がわかるのだ。

(11) The car broke down (because the driver was careless).
S V S' V' C'

訳 （運転手が不注意だったから）、その車は故障した。
S' C' S V

※ down は正確には（副詞）のため（丸カッコ）に入れてもよい。

(12) (Since I have no money), I can't go (to the concert).
S' V' O' S V

訳 （お金を持っていないから）、私は（そのコンサートに）行くことができない。
O' V' S V

(13) (If you can dream it), you can do it.
S' V' O' S V O

訳 （もしそれを夢見ることができたら）、あなたはそれをかなえられる。
O' V' S O V

(14) You'll be sick (unless you stop eating).
S V C S' V' O'

訳 （食べることをやめない限り）、あなたは病気になるだろう。
O' S C V

2 (1) The rules ⟨of soccer⟩ (sometimes) change.
S V

訳 〈サッカーの〉ルールは（時々）変わる。
S V

1. change　　2. 副詞

(2) The girl gave her cat milk.
S V O O

訳 少女は猫にミルクを与えた。
S O V

1. 4文型　　2. 訳参照

▶**解説**　give は4文型で「O₁に O₂を与える」という訳になる。

(3) The girl named her cat Milk.
S V O C

訳 少女は猫をミルクと名付けた。
S O C V

1. 5文型　　2. 訳参照

▶**解説**　name は動詞として使われる場合5文型で、「O＝C と名付ける」という訳になる。

(4) I have to stay (home), for I caught a cold (yesterday).
　S　 V　　　　　　　 S　V　　 O　　　　 V

訳 私は（家に）いなければならない。というのも、（昨日）風邪をひいたからだ。
　 S　　　　　　　　V　　　　　　　　　　　　　　　　　　O　 V

　　　　　　　　　　　　　　　　　　　　1. 等位接続詞　　2. 訳参照

(5) The founder ⟨of the school⟩ died (in 1985).
　　　　S　　　　　　　　　　　　　 V

訳 ⟨その学校の⟩ 創設者は（1985年に）亡くなった。
　　　　　　　　　　 S　　　　　　　　 V

　　　　　　　　　　　1. 形容詞句　　2. 副詞句　　3. died

(6) Her plan sounded strange (to me).
　　 S　　　 V　　　 C

訳 彼女の計画は（私には）奇妙に聞こえた。
　　 S　　　　　　　　　 C　　 V

　　　　　　　　　　　　　　　　　　1. 2文型　　2. 前置詞

　　▶解説　sound は動詞として使われる場合2文型で、「S＝C に聞こえる」という訳になる。

(7) We found an interesting book.
　 S　 V　　　　 O

訳 私たちは面白い本を見つけた。
　 S　　　　 O　　　 V

　　　　　　　　　　　　　　　　　　1. 3文型　　2. 訳参照

(8) We found the book interesting.
　 S　 V　　 O　　　 C

訳 私たちはその本が面白いとわかった。
　 S　　　 O　　 C　 V

　　　　　　　　　　　　　　　　　　1. 5文型　　2. 訳参照

　　▶解説　find は3文型で「～を見つける」、5文型で「O＝C とわかる」という訳になる。

(9) (There) is a difference (between animal and human societies).
　　　　 V　 S

訳 （動物の社会と人間の社会の間には）違いがある。
　　　　　　　　　　　　　　　　 S　 V

　　　　　　　　　1. 前置詞　　2. animal と human　　3. a difference

(10) (Though he is young), he can speak three languages.
　　　　　 S' V' C'　　　 S　　 V　　　 O

訳 （彼は若いけれども）、3つの言語を話せる。
　　　 S' C'　　　　　　 O　　 V

　　　　　　　　　　　　　　　　　　1. 従属接続詞　　2. 訳参照

Chapter 2 句の攻略―準動詞

本冊 P084

1 (1) [To see] is [to believe].
S (V) V C (V)

直訳 [見ること] は [信じること] だ。
S (V) C (V) V

意訳 百聞は一見にしかず。

(2) I like [to go (to school)].
S V O (V)

訳 私は [(学校に) 行くこと] が好きだ。
S O (V) V

(3) [Reading books] is important.
S (V) (O) V C

訳 [本を読むこと] は重要だ。
S (O) (V) C V

(4) I am good at [playing tennis].
S V O (V) (O)

訳 私は [テニスをすること] が得意だ。
S O (O) (V) V

(5) I know the way ⟨to master English⟩.
S V O (V) (O)

訳 私は ⟨英語を習得する⟩ 方法を知っている。
S (O) (V) O V

(6) The baby ⟨sleeping (in the bed)⟩ is cute.
S (V) V C

訳 ⟨(ベッドで) 眠っている⟩ 赤ちゃんがかわいい。
(V) S C V

(7) The boy ⟨called Yuki⟩ called the girl.
S (V) (C) V O

訳 ⟨ユウキと呼ばれている⟩ 少年がその少女に電話した。
(C) (V) S O V

(8) He came (here) (to see Yuki).
S V (V) (O)

訳 彼は (ユキに会うために) (ここに) 来た。
S (O) (V) V

(9) I was surprised (to hear the news).
S V (V) (O)

訳 私は (そのニュースを聞いて) 驚いた。
S (O) (V) V

004

(10) You were careless (to leave your smartphone (on the train)).
　S　V　C　　　　(v)　　(o)　　　　　(o)

訳 ((電車内に) スマホを置いてくるなんて)、あなたは不注意だ。
　　(o)　　　　　(v)　　　　　　　　S　　C　V

(11) He grew up (to be a painter).
　S　V　　(v)　(c)

訳 彼は成長して (画家になった)。
　S　V　　　(c)　　(v)

(12) She lived (to be eighty years old).
　S　V　　(v)　　　(c)

訳 彼女は (80歳になるまで) 生きた。
　S　　(c)　(v)　　V

(13) She awoke (to find herself (in a hospital)).
　S　V　　(v)　(o)　　　(o)

訳 彼女は目覚めて (自分自身が (病院にいる) と気づいた)。
　S　　V　　　(o)　　　　(v)

(14) She hurried (to the station), (only to miss the train).
　S　V　　　　(v)　(o)　　　　　(v)　(o)

訳 彼女は (駅へ) 急いだが、(結局電車に乗り遅れてしまった)。
　S　　(v)　V　　　(o)　　　(v)

(15) He left his country, (never to return).
　S　V　　O　　　　　(v)

訳 彼は自分の国を去ったが、(二度と戻って来なかった)。
　S　　　O　　V　　　　　(v)

(16) He is too young (to solve the problem).
　S　V　　C　　(v)　(o)

訳 彼は若すぎて (その問題を解決できない)。
　S　　C　V　　(o)　　(v)

※ too は正確には (副詞) のため (丸カッコ) に入れてもよい。

(17) (To hear his English speech), people would take him for an American.
　(v)　　(o)　　　S　　V　　O　　　C

訳 (彼の英語のスピーチを聞けば)、人々は彼をアメリカ人だと思うだろう。
　　(o)　　　　(v)　　S　O　　　C　　V

(18) (When I walked (along the street)), I met Yuki.
　　　s'　v'　　　　　　　S　V　O

訳 ((通りを) 歩いていたとき)、私はユキに会った。
　　　v'　　　　　　S　O　V

(19) (Walking (along the street)), I met Yuki.
　(v)　　　　　　　　　S　V　O

訳 ((通りを) 歩いていて)、私はユキに会った。
　　　(v)　　　　S　O　V

005

(20) (Not knowing[what to do]), I did nothing.
   (v) (o)   ((v)) s v o
 訳 ([何をすべきか] わからなくて)、私は何もしなかった。
   (o) ((v))   (v) s o v

(21) (Having a cold), I played soccer.
   (v) (o) s v o
 訳 (風邪をひいていたが)、私はサッカーをした。
   (o) (v) s o v

(22) Yuki, (smiling (at him)), walked (away).
 s   (v)   v
 訳 ユキは ((彼に) 微笑みかけて) 歩き去った。
   s   (v)   v

(23) The train leaves (here)(at six), (arriving (in Tokyo)(at ten)).
  s v   (v)
 訳 その電車は (ここを)(6時に) 出発し、(そして (10時に)(東京に) 着く)。
   s   v   (v)

(24) (When it is seen (from the sky)), the city is beautiful.
   s' v'   s v c
 直訳 (それが (空から) 見られるとき)、その都市は美しい。
    s'   v'   s c v

 意訳 空から見ると、その都市は美しい。

(25) (Seen (from the sky)), the city is beautiful.
  (v)   s v c
 訳 ((空から) 見て)、その都市は美しい。
    (v)   s c v

 意訳 空から見ると、その都市は美しい。

(26) I did my best (for them to win the game).
 s v o 意s (v) (o)
 訳 私は (彼らが試合に勝つために) 最善を尽くした。
   s 意s (o) (v) o v

(27) [His coming] surprised me.
 s 意s (v) v o
 直訳 [彼が来たこと] が私を驚かせた。
   s 意s (v) o v

 意訳 彼が来て、私は驚いた。

(28) I'm proud of [his being a doctor].
 s v o 意s (v) (c)
 訳 私は [彼が医者であること] を誇りに思う。
   s o 意s (c) (v)   v

(29) I'm proud of [my father's being a doctor].
S V O 意S (v) (c)
訳 私は［自分の父が医者であること］を誇りに思う。
S O 意S (c) (v) V

(30) (It being Sunday), the shop was closed.
意S (v) (c) S V C
訳 （日曜日で）、その店は閉まっていた。
(c) S C V

2 (1) He began [to study (harder) (to achieve his dream 〈of becoming a doctor〉)].
S V O (v) ((v)) ((o)) (((v))) (((c)))
訳 （〈医者になるという〉夢を達成するために、）彼は（もっと一生懸命）勉強し始めた。
(((c))) (((v))) ((o)) ((v)) S (v) V

1. 名詞句　2. 副詞句

(2) She studied (all night) (for the test), (only to forget everything (when she saw
S V (v) (o) s' v'
the paper)).
o'
訳 彼女は（テストのために）（一晩中）勉強した（が、（問題用紙を見たときに）すべてを
S V o' v' (o)
忘れてしまった）。
(v)

訳参照

(3) [Sitting (without doing anything) (for a while)] is [wasting time].
S ((v)) ((o)) V C (v) (o)
訳 ［（しばらく）（何もせずに）座っていること］は［時間の無駄］だ。
S C

1. 動詞句　2. 動名詞　3. 動名詞

▶解説　is wasting で進行形に見えるものの、進行形として捉えると「座っていることは時間を

浪費している」となる。ここは wasting を動名詞と考え、「座っていること＝時間を浪費

すること」と解釈するほうが良い。

(4) She plans [to travel (to France) (to learn (about its culture))].
S V O (v) ((v))
訳 彼女は［（文化を学ぶために）（フランスへ）旅行すること］を予定している。
S O ((v)) (v) V

1. 副詞句　2. 2つ

▶解説　「to＋V」は不定詞、「to＋名詞」は前置詞である。

(5) He found an enriching book ⟨for his child to read⟩.
S　V　　　O　　　　　　意S　　　　(V)

　訳 彼は〈自分の子供が読むための〉有益な本を見つけた。
　　　S　　　意S　　　　　(V)　　　　O　　　　V

1. 分詞　2. 形容詞句

　▶解説　for his child は不定詞の意味上の主語なので、「子供が」と訳さなければならない

(6) (By practicing (every day)), she is improving her piano skills.
　　　　(V)　　　　　　　S　　V　　　　　O

　訳 ((毎日)練習することによって)、彼女は自身のピアノの技術を上達させている。
　　　　　(V)　　　　　　　　　S　　　　　　O　　　　　V

1. 動名詞　2. 進行形

(7) (There) are many people ⟨waiting (in line) (to buy the concert tickets)⟩.
　　　　　V　　S　　　　(V)　　　　((V))　　((O))

　訳 〈(コンサートのチケットを買うために)(列に)並んでいる〉人々がたくさんいる。
　　　　　　((O))　　　　((V))　　　(V)　　　S　　　　V

1. 分詞　2. 副詞句

(8) (Feeling tired), she decided [to take a short nap (before continuing her studies)].
　　　(V)　　(C)　　S　　V　　O　(V)　　(O)　　　((V))　　((O))

　訳 (疲れを感じて)、彼女は[(勉強を再開する前に)少し昼寝をすること]に決めた。
　　　　　　　　　　S　　O　((O))　　((V))　　　(O)　　V

1. 分詞構文　2. 動名詞

　▶解説　before は従属接続詞だけでなく、前置詞としても使われる。今回、before の後に S' V'
　　　がないことから、前置詞と判断し、continuing が動名詞だとわかる。ちなみに before は
　　　単体で(副詞)にもなる。

(9) She was fascinated (by the paintings ⟨displayed (in the museum)⟩).
　　　V　　　V　　　　　　　　　　　　((V))

　訳 彼女は(〈(博物館で)展示されている〉絵画に)魅了された。
　　　S　　　　　　((V))　　　　　　V

1. 受動態　2. 分詞

(10) (Inspired (by her teacher)), she decided [to pursue a career (in science)].
　　　(V)　　　　　　　　　　S　　V　　O　　(V)　　(O)

　訳 ((先生に)触発されて)、彼女は[(科学の分野で)キャリアを追求すること]を決めた。
　　　　(V)　　　　　　　　S　　O　　　(O)　　(V)　　V

1. 分詞構文　2. 名詞句

Chapter 3　節の攻略─接続詞・疑問詞 ──── 本冊 P130

1 (1) He doesn't know [when the party starts].
S　　V　　　O　　S'　　V'

　訳 彼は[いつパーティーが始まるか]知らない。
　　　S　　O　　　S'　　V'

(2) [That she is ill] is obvious.
　　S　　s' v' c'　v　　　c

訳 [彼女が病気であるということ] は明らかである。
　　s　　s'　　c'　　v'　　　　　　　　c　　v

(3) He says [that he doesn't like Osaka].
　　S　V　o　　s'　　v'　　　o'

訳 彼は [大阪を好きではない] と言っている。
　　s　o　　o'　　　v'　　　　v

(4) The problem is [that we don't have enough time].
　　　　S　　　v　c　　s'　　　v'　　　o'

訳 問題は、[私たちには十分な時間がないこと] だ。
　　s　　　c　　s'　　　　o'　　　v'　　　c

(5) He didn't know the fact ⟨that everyone else knew⟩.
　　S　　v　　　o　　　s'　　　　　v'

訳 彼は ⟨他のみんなが知っている⟩ 事実を知らなかった。
　　s　　　　s'　　　　　v'　　　o　　　　v

(6) I accept the fact ⟨that everyone is different⟩.
　　S　v　　o　　同格　s'　　v'　c'

訳 私は ⟨ 人それぞれ違うという⟩ 事実を受け入れている。
　　s　同格　s'　　c'　　　　o　　　v

(7) We came (to the conclusion ⟨that he is a genius⟩).
　　S　v　　　　　　　　同格　s' v'　c'

訳 私たちは (⟨彼が天才だという⟩ 結論に) 達した。
　　s　　　同格　s'　c' v'　　　　　v

(8) He must be crazy (that he should do something ⟨like that⟩).
　　S　　v　　c　　　s'　　v'　　　o'

訳 (⟨そのような⟩ ことをするなんて)、彼は気がおかしいに違いない。
　　　　o'　　　　　v'　　　s　　c　　　v

(9) I am glad (that you like it).
　　S v　c　　s'　v'　o'

訳 私は (あなたがそれを気に入ってくれて) 嬉しいです。
　　s　　s'　　o'　　　v'　　　c　v

(10) I am (so) busy (that I cannot read that book).
　　S v　　c　　s'　　v'　　　o'

訳 私は (とても) 忙しいので、(その本を読むことができない)。
　　s　　c　v　　　　o'　　　v'

(11) He isn't (so) poor (that he cannot buy food).
　　S v　　c　　s'　　v'　　o'

訳 (食べ物を買えないほど)、彼は貧しくはない。
　　o'　　v'　　　s　c　　v

(12) The novel was (such) a good book (that I read it (three times)).
　　　S　　v　　　c　　s' v' o'

訳 その小説は (とても) いい本だったので、(私はそれを (3回) 読んだ)。
　　s　　　c　v　　　s' o'　　　　v'

(13) I went (home) (early) (so that I could help my mother).
訳 (私は母親の手助けをするために)、(早く)(家に)帰った。

(14) He worked (hard), (so that he succeeded).
訳 彼は(一生懸命)働いた。(それで成功した)。

(15) I cannot decide [whether I should go (there) or not].
訳 私は [(そこに) 行くべきかどうか] 決めることができない。

(16) (Whether you like it or not,) you'll have to do it.
訳 (好きであろうとなかろうと、) あなたはそれをしなければならない。

(17) I don't know [if you like this dish].
訳 私は [あなたがこの料理を好きかどうか] わからない。

(18) (If you want the rainbow,) you have to put up with the rain.
訳 (もし虹を見たいならば、) あなたは雨を我慢しなければならない。

(19) (If you practiced (more),) you would become a famous musician.
訳 (もし (もっと) 練習したら、) あなたは有名なミュージシャンになるだろう。

(20) (If you had practiced (more),) you would have become a famous musician.
訳 (もし (もっと) 練習していたら、) あなたは有名なミュージシャンになっていただろう。

(21) (Had you practiced (more),) you would have become a famous musician.
訳 (もし (もっと) 練習していたら、) あなたは有名なミュージシャンになっていただろう。

(22) (With his advice,) you would have become a famous musician.
訳 (彼のアドバイスがあれば、) あなたは有名なミュージシャンになっていただろう。

(23) He works (as a cook ⟨at a small restaurant⟩).
訳 彼は (⟨小さなレストランの⟩ 料理人として) 働いている。

(24) (As we were talking,) she came up.
　　　　s'　　　v'　　　　s　　v

訳 （私たちが話をしていたとき、）彼女が来た。
　　　　s'　　　v'　　　　　　s　v

(25) Let's go (home), (as it is late).
　　　v　　　　　　　　s' v'　c'

訳 （遅いので）、（家に）帰ろう。
　　　c'　　v'　　　　　　v

(26) She talked (to me) (as a mother talks (to her child)).
　　　s　　v　　　　　　　　s'　　　v'

訳 彼女は（母親が（子どもに）話しかけるように）（私に）話しかけた。
　　　s　　　　s'　　　　　　　v'　　　　　　　　　　　　v

(27) (As time passed,) their friendship became stronger.
　　　　s'　v'　　　　s　　　　　v　　c

訳 （時間が経つにつれて、）彼らの友情は強くなった。
　　　　s'　v'　　　　　　s　　c　v

(28) (Happy as they were,) (there) was something ⟨missing⟩.
　　　c'　　s'　v'　　　　　　v　　s　　　(v)

訳 （彼らは幸せだったけれども、）⟨足りていない⟩ 何かがあった。
　　　s'　　c'　　v'　　　　　　　(v)　　　　s　　v

---

2 (1) He asked me [if I knew any good restaurants ⟨in the area⟩ ⟨that serve vegetarian food⟩].
　　　　s　v　o　　o' s'　v'　　　　　　o'　　　　　　　　　　　　　v''　　　o''

訳 彼は私に、[⟨そのエリアの⟩⟨ベジタリアン料理を提供する⟩ 良いレストランを知っているかどうか]、尋ねた。
　　　s　o　　　　　　　o''　　　　　　　v''　　　　　　　o'　　　v'　　　　　　v

　　　　　　　　　　　　　　　　　1. 名詞節　2. （any good）restaurants

▶解説　ask は4文型になりやすい動詞。

▶解説　that の後ろが不完全文なので関係代名詞。関係代名詞だと気づいたら、修飾する名詞を探すことをクセづけよう。今回、料理を提供するのは「エリア」ではなく「レストラン」であるため、that ～は any good restaurants を修飾する。

(2) The idea 〈that we can change our lives （through hard work）〉 is inspiring （to
　　 S　　　　　　 S'　　 V'　　　　 O'　　　　　　　　　　　　　　　 V　　 C
many）.

　訳 〈私たちは（努力によって）人生を変えることができるという〉考えは、（多くの人にとっ
　　　　　　　 S'　　　　　　　　　 O'　　　　　 V'　　　　　　　　 S
て）刺激的である。
　　 C　　 V

1. is　2. 同格　3. 訳参照

　解説　is inspiring を進行形で V と捉えると、「〜を刺激している」となるため「誰を」という

　　　　目的語がなく文意が合わない。そのため、inspiring は動名詞または分詞。「考え＝刺激

　　　　的なこと」と名詞と捉えると文意がおかしいので、「考え＝刺激的だ」と形容詞として捉

　　　　える。よって、inspiring は分詞である。

(3) She was （so） eager （to learn the piano） （that she practiced （for hours） （every
　　 S　 V　　　　 C　　　　 (v)　　 (o)　　　　　　 S'　　 V'
day） （after school））.

　訳　彼女は（ピアノを習得するのに）（とても）熱心だった（ので、（毎日）（放課後に）（何時
　　　　　　　　　　　　　　　　　　　　　　 C　　 V
間も）練習した）。
　　　　 V'

1. 副詞句　2. 副詞節

　解説　that 以下は eager を修飾するため、to から始める副詞句は piano までと考える。

(4) （If I had known （about the traffic jam,）） I would have taken a different route
　　　　 S' V'　　　　　　　　　　　　　　　　　 S　　　　　 V　　　　 O
（to avoid it）.
　　 (v)　 (o)

　訳　（もし（渋滞について）知っていたら、）私は（それを避けるために）別の道を選んでい
　　　　　　　　　　　　　　 V'　　　　 S　 (O) (V)　　　　　 O　　　　 V
ただろう。

1. 副詞句　2. 訳参照

(5) I believe [that [helping others ⟨in need⟩] not only benefits them (but) also enriches our own lives].
S V O that S' ((v)) ((o)) V' O' V' O'

訳 [[⟨困っている⟩他人を助けること] は、彼らの役に立つだけでなく自分たちの人生も豊かにする] と私は信じている。
O'S' ((o)) ((v)) O' V' O' V' S V

1．benefitsとenriches　2．訳参照

■▶解説　that から believe の目的語となっているので、接続詞の that だとわかる。後ろに S' V' がくることを予想し、helping〜が動名詞となり S'。benefits が that 節中の V' となっており、今回は等位接続詞の but で同じく節内の V' となる enriches とつながっている。

(6) The movie ⟨that we saw (last night)⟩ was (so) interesting (that we recommended it (to many of our friends)).
S that S' V' V C that S' V' O'

訳 ⟨(昨夜) 見た⟩ 映画が (とても) 面白かった (ので、私たちは (たくさんの友達に) それを勧めた)。
V' S C V S' O' V'

1．形容詞節　2．副詞節　3．訳参照

■▶解説　that 節中に接続詞無しで V が2つ存在することはないので、was の前で⟨形容詞⟩のカッコを閉じる。そうすることで今回の主節の V が was だとわかる。

(7) She wondered [whether to accept the job offer (or) wait (for a better opportunity)].
S V O (v) (o) (v)

訳 彼女は [仕事の申し出を受け入れるか、(もっと良い機会を) 待つか] を悩んでいた。
S O (o) (v) (v) V

1．名詞　2．acceptとwait

■▶解説　whether は従属接続詞。従属接続詞や疑問詞の後ろは基本的に S' V' であるが、今回のように to 不定詞が来て名詞句になる慣用表現がある。whether の後ろを S'V'で書くとすると、She wondered whether she should accept the job offer or...となる。

(8) (As she loves animals,) she would have more pets (if she had a bigger house).
S' V' O' S V O if S' V' O'

訳 (彼女は動物が大好きなので、) (もしもっと大きな家があれば、) さらに多くのペットを飼っているだろう。
S' O' V' O' V' O V

1．従属接続詞　2．訳参照

(9) I think [that [exercising (regularly)] improves not only our physical health (but also our mental well-being].

訳 [[(定期的に) 運動すること] は、肉体的健康だけでなく精神的健康も向上させる] と私は思う。

1. 名詞節　2. our physical health と our mental well-being

(10) He woke up (early) (so that he could catch the first train ⟨to the airport⟩).

訳 (⟨空港行きの⟩ 始発電車に乗るために、) 彼は (早く) 起きた。

1. 副詞節　2. 訳参照

Chapter 4 節の攻略—関係詞

本冊 P174

1

(1) This is the letter ⟨which Ken wrote⟩.

訳 これは ⟨ケンが書いた⟩ 手紙だ。

(2) This is the town ⟨where I grew up⟩.

訳 ここは ⟨私が育った⟩ 街だ。

(3) I don't have the passion ⟨which many people have ⟨to win (at sports)⟩⟩.

訳 私は ⟨多くの人が持っている ⟨(スポーツで) 勝とうとする⟩⟩ 情熱を持っていない。

(4) This is the place ⟨which Ryoma was born in (in 1836)⟩.

訳 ここは ⟨リョウマが (1836年に) 生まれた⟩ 場所だ。

(5) This is the place ⟨in which Ryoma was born (in 1836)⟩.

訳 ここは ⟨リョウマが (1836年に) 生まれた⟩ 場所だ。

(6) This is the place ⟨where Ryoma was born (in 1836)⟩.

訳 ここは ⟨リョウマが (1836年に) 生まれた⟩ 場所だ。

(7) This is the girl 〈for whom he is looking〉.
S V C S' V'
訳 これが 〈彼が探している〉 女の子だ。
S S' V' C V

(8) I passed the ball (to Tom), 〈who shot it (into the goal)〉.
S V O O'
訳 私は (トムに) ボールをパスした。〈そして彼はそれを (ゴールに) 決めた〉。
S O V O' V'

(9) She said [that she was twenty years old], 〈which was not true〉.
S V O S' V' C' V' C'
訳 彼女は [20歳だ] と言った。〈しかし、それは真実ではなかった〉。
S O C' V' V C' V'

(10) We moved (to Tokyo), 〈where we lived (for five years)〉.
S V S' V'
訳 私たちは (東京に) 引っ越した。〈そしてそこに (5年間) 住んだ〉。
S V V

(11) This is the point 〈I find difficult (to understand)〉.
S V C S' V' C' ((v))
訳 これは 〈私が (理解するのを) 難しいと思う〉 点だ。
S S' ((v)) C' V' C V

(12) This is the place 〈I wrote the novel〉.
S V C S' V' O'
訳 ここは 〈私が小説を書いた〉 場所だ。
S S' O' V' C V

(13) Please tell him the reason 〈I mentioned〉.
V O O S' V'
訳 〈私が言った〉 理由を彼に伝えてください。
S' V' O O V

(14) This is the reason 〈I came (here)〉.
S V C S' V'
訳 これが 〈私が (ここに) 来た〉 理由だ。
S S' V' C V

(15) I can't believe [what he said (to you)].
S V O S' V'
訳 私は [彼が (あなたに) 言ったこと] を信じられない。
S O S' V' V

(16) I can't believe [that he said that (to you)].
S V O S' V' O'
訳 私は [彼がそれを (あなたに) 言ったこと] を信じられない。
S O S' O' V' V

(17) You can invite [whomever you like].
S V O S' V'
訳 あなたは [好きな人を誰でも] 招待できる。
S O V'

(18) (Whoever comes), you must not open the door.

訳 (誰が来ようとも)、あなたはそのドアを開けてはならない。

(19) (Whenever you come), you will be welcomed.

訳 (いつ来ようとも)、あなたは歓迎されるだろう。

(20) You may go (home) (whenever you like).

訳 (好きなときにいつでも) あなたは (家に) 帰っていい。

(21) I don't know [when he will come (here)].

訳 私は [いつ彼が (ここに) 来るか] 知らない。

(22) I don't know the day ⟨when he will come⟩.

訳 私は ⟨彼が来る⟩ 日を知らない。

(23) I'll tell him the truth (when he comes (here) (tomorrow)).

訳 (彼が (明日) (ここに) 来たとき)、私は彼に真実を話すつもりだ。

2 (1) The cake ⟨she baked (for the party)⟩ was (so) delicious (that everyone asked (for the recipe)).

訳 ⟨彼女が (パーティーのために) 焼いた⟩ ケーキは (とても) おいしかった (ので、みんなが (レシピを) 尋ねた)。

1. which　2. was　3. 副詞節

▶解説　bake は他動詞にも関わらず、O がなく不完全文。先行詞がモノなので、which が省略されているとわかる。

(2) (However hard the task may be), we'll do our best (to complete it).

訳 (たとえその仕事がどんなに困難でも) (完成させるために) 私たちは最善を尽くすつもりだ。

1. 副詞節　2. 副詞句　3. 訳参照

(3) The reason ⟨why he was late⟩ is [that he missed the bus].
訳 ⟨彼が遅れた⟩ 理由は、[バスに乗り遅れたから] だ。

1. is　2. 従属接続詞

(4) (Wherever she goes), she (always) brings a book (so that she can read it (whenever she has free time)).
訳 ((暇なときはいつでも) 読書ができるように)、(どこに行くにも)、彼女は (いつも) 本を持って行く。

1. 副詞節　2. 副詞節　3. 訳参照

(5) [What he enjoys] is [walking (in the park) (to clear his mind) (after work)].
訳 [彼が楽しむこと] は、[(仕事の後に) (心を晴らすために) (公園を) 歩くこと] だ。

1. is　2. 動名詞　3. 副詞句

(6) I remember the day ⟨when we (first) met and realized [that we had so much (in common)]⟩.
訳 私は ⟨私たちが (初めて) 出会い、[多くの共通点があること] に気づいた⟩ 日を覚えている。

1. 関係副詞　2. met と realized　3. 名詞節

(7) (Please) speak (slowly) (so that everyone can understand [what you're saying]).
訳 (皆が [あなたが言っていること] を理解できるように)、(ゆっくり) 話してください。

1. 副詞節　2. 名詞節

(8) She felt relieved (when she heard [that her daughter had arrived (safely) (at her destination)]).
訳 彼女は、([娘が (無事に) (目的地に) 到着した] と聞いて)、安心した。

1. 2文型　2. 副詞節　3. 名詞節

(9) The library ⟨I used to study in (during my college days)⟩ was a quiet place ⟨to focus (on my studies)⟩.

訳 ⟨（大学時代に）勉強していた⟩図書館は、⟨（勉強に）集中するための⟩静かな場所だった。

1. which　2. was　3. 形容詞句

▶解説　前置詞 in の後ろの O がなく不完全文。先行詞がモノなので、which が省略されているとわかる。

(10) The place ⟨we stayed (during our trip)⟩ had a pool ⟨children could enjoy⟩.

訳 ⟨私たちが（旅行中に）泊まった⟩場所には、⟨子どもたちが楽しめる⟩プールがあった。

1. where　2. which

▶解説　stay は自動詞なので、節中は完全文。先行詞が場所なので、where が省略されているとわかる。

▶解説　enjoy が他動詞なので、後ろに O がなく不完全文。先行詞がモノなので、which が省略されているとわかる。

Chapter 5 特殊構文と美訳の追求 ──────── 本冊 P216

1 (1) It is difficult [to solve these problems].

訳 [これらの問題を解決すること] は難しい。

(2) It is difficult [for us to solve these problems].

訳 [私たちがこれらの問題を解決すること] は難しい。

(3) It is necessary [that you go (to her)].

訳 [君が（彼女のところに）行くこと] が必要だ。

(4) I found it difficult [to solve the problem].
　　S　Vₛ　仮O　C　　　真O　　(v)　　　(o)
　　訳 私は [その問題を解決すること] が難しいとわかった。
　　　　S　真O　(o)　　　(v)　　　　　C　　　　V

(5) I make it a rule [to switch off my smartphone (when I'm (on the train))].
　　S　Vₛ　仮O　C　　　(v)　　　　(o)　　　　　　S"V"
　　訳 私は [((電車に) 乗っているときは) スマホの電源を切ること] をルールにしている。
　　　　S　真O　　　　　v"　　　　　(o)　　　(v)　　　　　C　　　V

(6) I think it important [that we do our best].
　　S　Vₛ　仮O　C　　　真O　S'　v'　O'
　　訳 私は、[私たちが最善を尽くすこと] が大切だと思う。
　　　　S　真O　S'　O'　v'　　　　　C　　　V

(7) Tom met Jerry (in the park).
　　S　　　O
　　訳 トムは (公園で) ジェリーに会った。
　　　　S　　　　　　　O　　　V

(8) It was Tom that met Jerry (in the park).
　　　　　　S　　　V　　O
　　訳1 (公園で) ジェリーに会ったのはトムだ。
　　　　　　　　　O　　　　V　　S
　　訳2 トムこそ (公園で) ジェリーに会った人物だ。
　　　　　S　　　　　　　O　　　V

(9) It was Jerry that Tom met (in the park).
　　　　　　O　　　S　V
　　訳1 トムが (公園で) 会ったのはジェリーだ。
　　　　　S　　　　　　V　　　O
　　訳2 ジェリーこそトムが (公園で) 会った人物だ。
　　　　　O　　　S　　　　　V

(10) It was (in the park) that Tom met Jerry.
　　　　　　　　　　　　　S　V　O
　　訳1 トムがジェリーに会ったのは (公園) だ。
　　　　　S　　O　　V
　　訳2 まさに (公園で)、トムがジェリーに会ったのだ。
　　　　　　　　　　　S　　O　V

(11) It is clear [that he is telling a lie].
　　仮S V　C　真S　S'　v'　O'
　　訳 [彼が嘘をついていること] は明らかだ。
　　　真S S'　O'　v'　　　　C　V

(12) It was (at the store) that he bought a bike (last week).
　　　　　　　　　　　　　S　V　O
　　訳1 彼が (先週) 自転車を買ったのは、(あの店) だ。
　　　　　S　　　　O　　V
　　訳2 まさに (あの店で)、彼は (先週) 自転車を買った。
　　　　　　　　　　　S　　　O　V

(13) It is my dream [that I go (to America) (to study English)].
仮S V C 真S S' V' ((v)) ((o))
訳 [(英語を勉強するために)(アメリカに)行くの] が私の夢だ。
真S ((o)) ((v)) v' C V

(14) It was tennis that he played (in the park) (yesterday).
O S V
訳1 彼が (昨日)(公園で) したのはテニスだ。
S V
訳2 まさにテニスを彼が (昨日)(公園で) したのだ。
O S V

(15) (Only yesterday) did I learn that fact.
S V O
訳 (昨日初めて)、私はその事実を知った。
S O V

(16) (Had you come (a little earlier)), you could have met her.
S' V' S V O
訳 (もしあなたが (もう少し早く) 来ていたなら)、あなたは彼女に会えたのに。
S' V' S O V

(17) (In the middle ⟨of difficulty⟩) lies opportunity.
V S
訳 (⟨困難の⟩ 中にこそ) 機会がある。
S V

(18) You are happy, and (so) am I.
S V C V S
訳 君は幸せだし、私もそうだ。
S C V S V

(19) He didn't agree, nor did I.
S V V S
訳 彼は賛成しなかった、私もそうしなかった。
S V S V

(20) (So) small was the room (that she complained (to the owner)).
C V S S' V'
訳 その部屋が (あまりに) 狭かった (ので、彼女は (オーナーに) 苦情を言った)。
S C V S' V'

(21) Much ⟨of [what we learn (at school)]⟩ we forget (in later life).
O S" V" S V
訳 私たちは (その後の生活で)、⟨[私たちが (学校で) 習ったこと] の⟩ 多くを忘れる。
S S" V" O V

(22) He made known his plan ⟨to move (to America)⟩.
S Vs C(分詞) O (v)
訳 彼は ⟨(アメリカに) 引っ越す⟩ 計画を知らせた。
S (v) O C(分詞) V

020

(23) The girls were brave, (but) the boys were not.
　　 S　　 V　　 C　　　　　　S　　V

訳 女の子たちは勇敢だったが、男の子たちは勇敢ではなかった。
　　 S　　　　　C　　V　　　　　　S　　　　C　　　　V

　　元の文：The girls were brave, (but) the boys were not brave.
　　　　　　　　S　　 V　　 C　　　　　　S　　 V　　　C

(24) I like dogs, (and) my sister cats.
　　 S V　 O　　　　 S　　　 O

訳 私は犬が好きで、妹は猫が好きだ。
　　 S　 O　 V　　　 S　 O　 V

　　元の文：I like dogs, (and) my sister likes cats.
　　　　　　 S V　 O　　　　 S　　　 V　　 O

(25) You need not go (if you don't want to).
　　 S　 V　　　　 S'　　 V'

訳 （あなたが行きたくないならば）、あなたは行かなくてもよい。
　　　　 S'　　　 V'　　　　　　　　S　　　　 V

　　元の文：You need not go (if you don't want [to go]).
　　　　　　 S　　 V　　　 S'　　 V'　　 O'

(26) She bought the camera (while (in Japan)).
　　 S　 V　　　 O

訳 （（日本に）いる間に）、彼女はそのカメラを買った。
　　　　　　　　　　　　　 S　　　 O　　　 V

　　元の文：She bought the camera (while she was (in Japan)).
　　　　　　 S　 V　　　 O　　　　　 S'　V'

(27) My father hopes [I will be a teacher].
　　　 S　　 V　 OS'　 V'　　 C'

訳 父は[私が教師になること]を望んでいる。
　　 S　 O S'　 C'　 V'　　　　 V

　　元の文：My father hopes [that I will be a teacher].
　　　　　　　 S　　 V　 O　 S'　 V'　　 C'

(28) I'm glad (he passed the exam).
　　 S V　 C　 S'　 V'　　 O'

訳 （彼がその試験に受かって）、私は嬉しい。
　　 S'　　 O'　　 V'　　　 S　 C

　　元の文：I'm glad (that he passed the exam).
　　　　　　 S V　 C　　 S'　 V'　　 O'

(29) The girl is (so) kind (I want [to do something (for her)]).
　　　 S　 V　　　 C　 S'　 V'　 O'　((v))　 ((o))

訳 その少女は（とても）親切なので、（私は[（彼女のために）何かをして]あげたい）。
　　　 S　　　　　　 V　　 C　　　　 S'　 O'　　　　　　　　　　　　 V

　　元の文：The girl is (so) kind (that I want [to do something (for her)]).
　　　　　　　 S　 V　　　 C　　 S'　 V'　 O'　((v))　 ((o))

(30) The bag ⟨she has⟩ is (very) good.
　　　 S　　 S'　V'　 V　　　 C

訳 ⟨彼女が持っている⟩鞄は（とても）良い。
　　　 S'　　　 V'　　　　 S　　　　 C

　　元の文：The bag ⟨which / that she has⟩ is (very) good.
　　　　　　　 S　　　　　　　　 S'　V'　 V　　　 C

(31) The news made me happy.
　　　　S　　Vₛ　O　　C
直訳 そのニュースは私を幸せにした。
　　　S　　　　　O　　C　　V

意訳 そのニュースのおかげで、私は幸せになった。

(32) A ten-minute walk will get you (to the station).
　　　　S　　　　　V　　　O
直訳 10分の徒歩はあなたを（駅へ）連れて行くだろう。
　　　　S　　　　　O　　　　　　　V

意訳 10分歩けば、あなたは駅に着くだろう。

(33) His sudden appearance surprised us.
　　　　　S　　　　　　　　V　　　O
直訳 彼の突然の出現は私たちを驚かせた。
　　　　S　　　　　　O　　V

意訳1 彼の突然の出現のせいで、私たちは驚いた。

意訳2 彼が突然現れたから、私たちは驚いた。

2 (1) These shoes she bought (just) (last week).
　　　　　O　　　　S　　V
訳 彼女が（ちょうど）（先週）買ったのは、その靴だ。
　　　S　　　　　　　　　　　　V　　　　O

　　　　　　　　　　　　　　　　　　　　　　　she

解説　These shoes を S と一度考え、she bought が関係詞の省略と捉えるが、そうすると主節
　　のVが存在しないことになる。修正して、she bought が主節だと考え、These shoes が
　　Oだとわかる。

(2) (Little) did I know [that this decision would change my life (forever)].
　　　　　　　 S　V　　　　　S'　　　　　　　V'　　　　O'
訳 [この決断が私の人生を（永遠に）変えることになるなんて]、（少しも）思わなかった。
　　O　　S'　　　　O'　　　　　　　　　　V'　　　　　　　　　　　　V
　　　　　　　　　　　　　　　　　否定語句が文頭にあるため（もしくは強調のため）

022

(3) It is the education and opportunities ⟨provided (by our teachers)⟩ that shape
our future.
　S　　　　　　　　　　　　　　　　　　　　　(V)　　　　　　　　　　　　　　　　V
our future.
O

訳 ⟨（教師によって）提供される⟩ 教育と機会こそが、私たちの未来を形作るのだ。
　　　　　　　　(V)　　　　　　　　　　　　S　　　　　　　　　　O　　　　V

shape

■▶ 解説　it is と that の間に挟まれているのは名詞。that 以下が不完全文であるため、今回は強調
構文だとわかる。provided を V と考えてしまうと、SVVO となってしまうため、分詞と
考え処理する。

(4) (At the entrance ⟨of the museum⟩) waited a group ⟨of excited students⟩.
　　　　　　　　　　　　　　　　　　　　　　　V　　　S

訳 興奮した生徒たちが待っていたのは、（⟨博物館の⟩ 入り口）だった。
　　　　　　　　S　　　　　　　V

a group of excited students（または a group）

(5) It is the experiences ⟨we share (with friends and family)⟩ that (often) make
　　S　　　　　　　　　　　　S'　V'　　　　　　　　　　　　　　　　　　　　　V
life more meaningful.
O　　　C

直訳 ⟨（友達や家族と）共有する⟩ 経験が、人生をより意義深いものにする（ことがよくある）。
　　　　　　　V'　　　　　　　　S　　　　O　　　　　　　C

意訳 友達や家族と共有する経験によって、人生はより意義あるものになっていくことが多い。

make

■▶ 解説　it is から始まるので、後ろに来る that を意識しながら読み進める。the experiences we
share と名詞＋ SV の形になっているので、関係詞の省略を疑い ⟨形容詞⟩ のカッコを始
める（今回省略されている関係詞は which か that）。and が friends と family をつない
でおり、that 以下が関係詞節内に入らなさそうなので、⟨形容詞⟩ のカッコを that の前
までで閉じる。it is と that の間に挟まれているのは the experiences なので名詞。that
以下が不完全文であるため、今回は強調構文だとわかる。make が5文型動詞で、無生物
主語なので、最後に美しく意訳する。

(6) I can't play the guitar, nor can I play the piano.
　S　V　　　　　O　　　　　　　　　S　V　　　O

訳 私はギターも弾けないし、ピアノも弾けない。
　　S　　O　　V　　　　　　O　　V

弾けない

(7) It is true [that our actions 〈today〉 (greatly) influence the outcomes 〈of our
仮S V C 真S   S'   V'   O'
future〉].

訳 [〈今日の〉行動が〈未来の〉結果に（大きな）影響を与える] ことは事実だ。
   S   S'   O'   V'   C V

※正確には today は（副詞）

is

▶解説　it is と that の間に挟まれているのは形容詞なので、仮主語真主語構文だと即決。

(8) I make it a rule [not to say my opinion (in front 〈of my boss〉)].
    S V 仮O C 真O   (V) (O)

訳 私は [（〈上司の〉前で）意見を言わないこと] をルールにしている。
   S O   (O)   (V)   C V

意訳 私は上司の前で意見を言わないようにしている。

名詞句

▶解説　5文型動詞直後の it は仮目的語を疑う。

(9) (Though (very) tired,) she studied English (hard).
            C'   S   V   O

訳 （（とても）疲れていたが、）彼女は（一生懸命）英語を勉強した。
      C'   V'   S   O   V

元の文：(Though she was (very) tired,) she studied English (hard).
              S' V'   C'   S   V   O

she was

▶解説　省略されている be 動詞は主節の時制と合わせること。

(10) (Had they known (about the storm),) they would have postponed the trip.
            S' V'   S   V   O

訳 （もし（嵐のことを）知っていたら、）彼らは旅行を延期していただろう。
                      V'   S   O   V

元の文：(If they had known (about the storm),) they would have postponed
           S'   V'   S   V
the trip.
  O

would have postponed（または have postponed）

▶解説　助動詞の過去形で仮定法を見抜く。仮定法には倒置して if を省略するパターンがあった

ことを思い出す。

(11) Delicious was the meal ⟨we had (last night)⟩.
　　　C　　V　　　S　　　S'　V'

訳 ⟨私たちが昨日食べた⟩ 食事はとてもおいしかった。
　　　　　　　　　　　S　　　　　　　　　C

※倒置で Delicious が強調されているので，訳には「とても」を入れている。

the meal

▶解説　Delicious は形容詞のため、主語にならない。

(12) It is the teachers ⟨who inspire and motivate students⟩ that have a lasting impact
　　　　　　S　　　　　　V'　　　　　V'　　　　O'　　　　　　　V　　　　　O
⟨on their students' lives⟩.

直訳 ⟨生徒を触発し、奮起させる⟩ 教師たちこそ、⟨彼らの生徒の人生への⟩ 長く続く影響を
　　　　O'　　V'　　　　V'　　　　S　　　　　　　　　　　　　　　　　　O
持っている。
　V

意訳 生徒を触発し、奮起させる教師たちこそ、彼らの生徒の人生に長く影響を与える。

have

▶解説　it is と that の間に挟まれているのは名詞。that 以下が不完全文であるため、今回は強調
構文だとわかる。

(13) It is the kindness and support ⟨which our friends showed us (during difficult
　　　　　　　O　　　　　　　　　　　　S'　　　　V'　　O'
times)⟩ that we will never forget.
　　　　　　　　S　　　　V

訳 ⟨(困難な時期に) 友人たちが示してくれた⟩ 親切や支援こそ、私たちが決して忘れない
　　　　　　　　　S'　　　　V'　　　　　　　　　O　　　　　S　　　　　V
ものだ。

will never forget

▶解説　it is と that の間に挟まれているのは名詞。that 以下が不完全文であるため、今回は強調
構文だとわかる。

(14) He gave me some apples and she some bananas.
　　　S　V　O　　O　　　　　S　　　O

訳 彼は私にリンゴをいくつかくれ、彼女はバナナをいくつかくれた。
　　　S　O　　O　　　　V　　　S　　O　　　　V

元の文：He gave me some apples and she gave me some bananas.
　　　　　S　V　O　　O　　　　S　V　O　　O

gave me

025

(15) It is important [to communicate (effectively) (in both personal and professional situations)].
仮S V C 真S to communicate (v)

訳 [(個人的な場面でも仕事の場面でも)(効果的に)コミュニケーションを取ること]が重要だ。
S (v) C V
is

(16) He would have better teeth (had he eaten (sensibly) (when a child)).
S V O S' V'

訳 (もし(子供のときに)(賢く)食事をしていたら)、彼はもっと丈夫な歯をしていただろう。
V' S O V

元の文：He would have better teeth (if he had eaten (sensibly) (when he was a child)).
S V O S' V' S" V" C"
副詞節

▶ 解説　teeth と had のつながりに違和感を感じ、倒置か省略を疑う。助動詞の過去形で仮定法を見抜く。仮定法には倒置して if を省略するパターンがあったことを思い出す。

▶ 解説　従属接続詞 when の後に SV がないため、S + be が省略されている。

(17) So kind was she (that everyone liked her).
C V S S' V' O'

訳 彼女は（あまりに）親切だったので、（みんなが彼女を好きだった）。
S C V S' O' V'
she

▶ 解説　kind は形容詞のため、主語にならない。

NOTE

NOTE